元手ゼロから
最速で月収100万円!

ネットで稼ぐ全技術

上田祐輝
Ueda Yuki

きずな出版

謝辞

有田秀穂さま
奥田涼子さま
香月雄介さま
小泉憲一さま
笹原隆生さま
紫田剛成さま
高橋龍三さま
橋田一秀さま
藤井悠平さま
松井創さま
山崎仁史さま
山下翔一さま
(順不同)

本書は
こんな人たちのために
書きました。

- 好きなことで収入アップしたい
- 人生100年時代に備えて複数の収入をつくりたい
- コロナの不況下にも負けず
  事業の売上を伸ばしたい
- 自分に合った副業を探している
- 自分のスキル、得意なことをお金に換えたい
- 毎月の収入をもう少し増やして
  生活をラクにしたい
- 文章だけで売上を出す方法を学びたい
- 無料サービスだけで自動的な売上をつくりたい
- ノーリスクで手軽にお小遣い稼ぎをしたい
- リスクなく新しいビジネスに挑戦したい
- 店や事業の売上が下がってきているのを
  なんとかネット経由の売上でカバーしたい
- 最新の集客方法や広告運用方法を知りたい

はじめに

ネットの無料サービスだけで売上激減のテント屋が再生した

左ページのデータをご覧ください。

これは、経済産業省が公表しているネット商取引の件数の推移です。

ＢtoＣは「企業が個人へ販売しているもの（いわゆるネット通販など）」で、ＣtoＣは「個人が個人へ販売しているもの（いわゆるフリマサイトなど）」です。どちらも年々、市場規模が増え続けていることがわかります。

あなたも、アマゾンや楽天市場などのＥＣサイト（＊）で当たり前のようにネットショッピングをしたり、メルカリやラクマといったネット上のフリマサイトで不用品やハンドメイド品を販売したりしているのではないでしょうか。

また、統計などの数字にはまだ現れていませんが、２０１９年末から世界的に流行した新型コロナウイルス感染症により、自宅にいながらモノの売り買いがで

＊ECサイト　「Electronic Commerce site」の略称。インターネット上で商品を販売するWebサイトのことを指す

国内電子商取引市場規模の推移（BtoC）

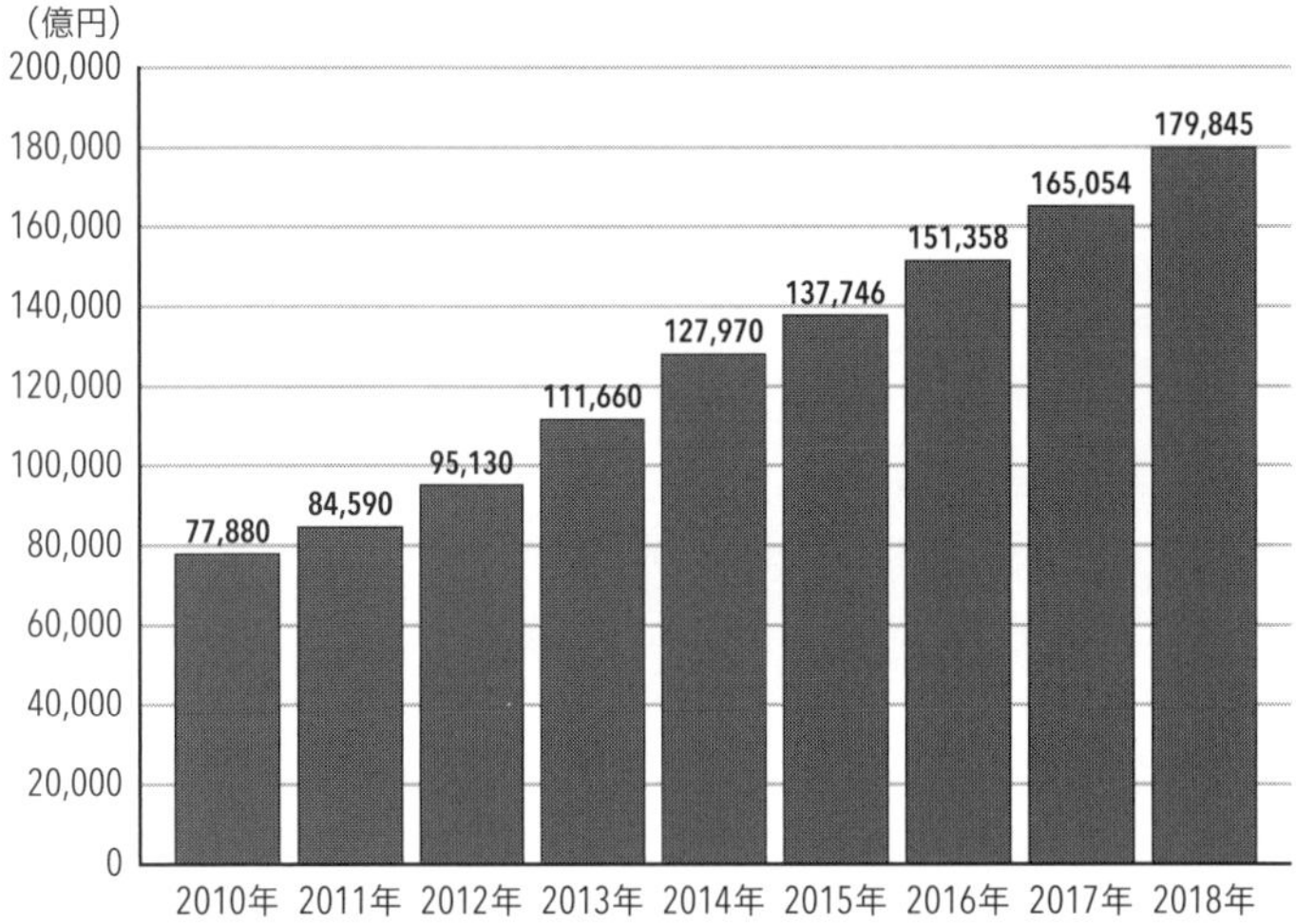

フリマアプリの推定市場規模（CtoC）

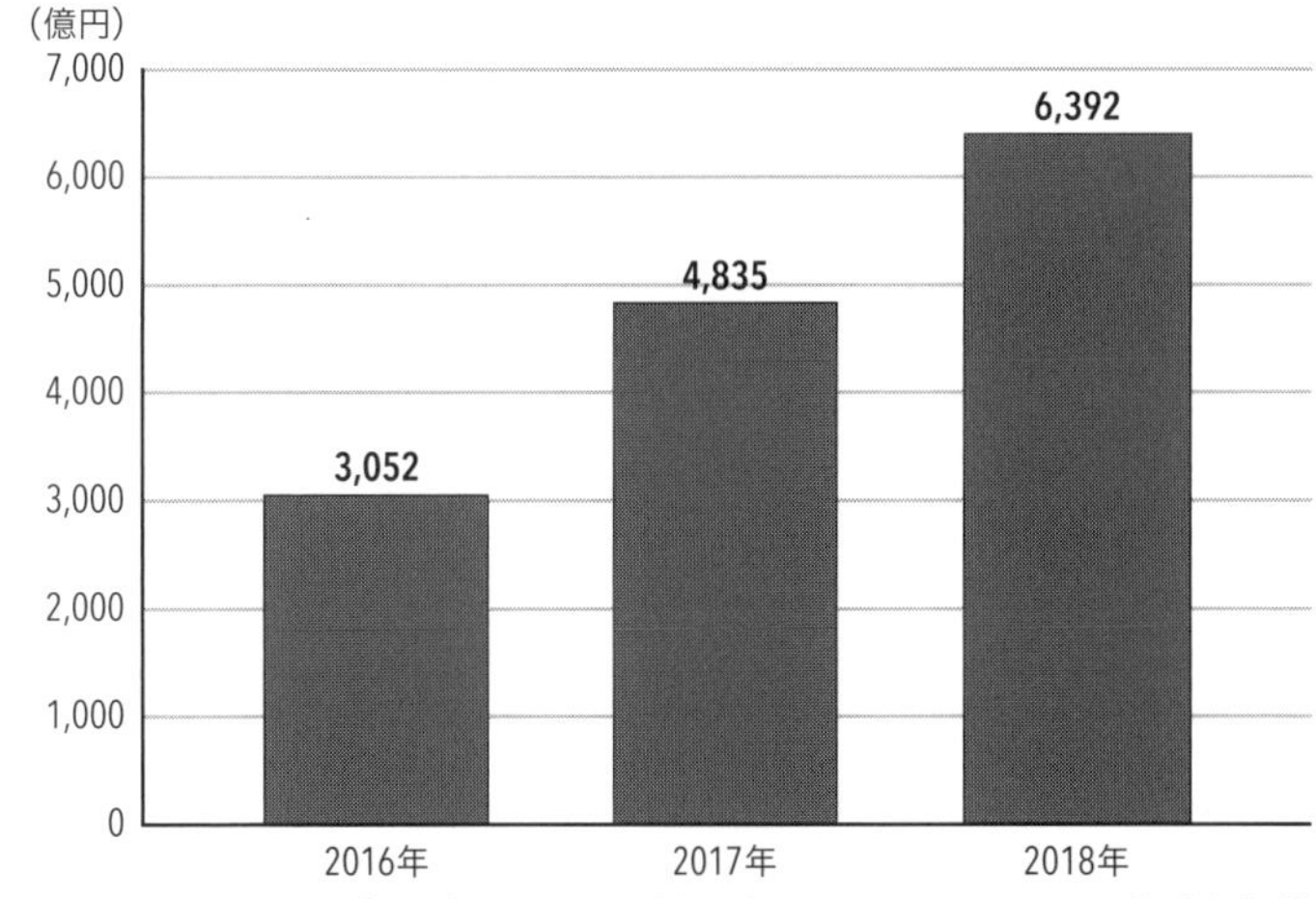

出典：「電子商取引に関する市場調査の結果を取りまとめました」（経済産業省）

きるネット商取引はますます活発になっていくことが予想できます。

新型コロナウイルスの話をもう少ししますが、このパンデミックによる経済の影響は、２００８年のリーマン・ショック、２０１１年の東日本大震災を上回るような深刻なものとなり続けています（２０２０年７月の本書執筆時点）。

とくに大きなダメージを受けたのは、旅行業や観光業、飲食業、イベント業など、人々が外にでかけてくれないとお金にならないビジネスでしょう。実際、私の周りでも売上が激減して資金繰りに苦しんでいる事業主の方や、職を失ってしまった人が増えました。

こうした出来事を契機に、新たにネット通販を始める店舗や、第２・第３の収入経路を確保するべくネットビジネスに挑戦している人が増えている印象です。

……と、このように書くとなんだかネットビジネスを始める動機がネガティブなものに感じられますが、私はむしろ、いま企業や個人がネットビジネスに挑戦しようという気持ちになったのは最高のタイミングだと考えています。

というのも、最近になって**ネットビジネスは中小零細企業や個人など、資金力**

が潤沢でない（つまりお金がない）人々にも広く門戸が開かれていて、正しい知識を持って戦略を立て、愚直に実行すれば確実に結果が出るフィールドになったからです。

ネット上でビジネスを始める最大の利点は「初期費用をほとんど必要としない」というところです。

従来、新たにビジネスを始めるためには２０００万円ほどの資金が必要でした。リアル店舗や事務所をかまえる場合は家賃や人件費、設備費などがかかりますし、それらを維持するためのランニングコストも月々発生します。

ネットビジネスにしても10年くらい前はそれなりのお金が必要でした。ウェブサイトの制作を外注したり、決済システムを導入したり、サーバーの維持費などがかかるので、初年度だけで80万円程度は必要だったのです。

当然ながら、失敗してしまえばこれらのお金は戻ってきません。リスクを負えない中小零細企業や個人にはなかなか手が出せなかったのです。

しかしこうした状況は、２０１０年代に入ってから大きく変わりました。**企業**

や個人が無料で使えるネットのサービス・ツールが信じられないほど拡充し、初期費用ゼロ円でビジネスを始められるようになったのです。

たとえば、モノやサービスを販売するにはウェブサイトを用意しないといけませんが、ペライチやワードプレスなどの無料サービスを使えば自分でつくれます。決済システムも、いまではペイパルやスパイク、ストライプといった初期費用タダの決済サービスが使えます。

実際、私がネットビジネスのすごさを実感したのも、売上が大きく低下した家業をこれら無料のウェブサービスだけを使って救えたという経験があったからです。

もともと私は理学療法士として病院に勤務していましたが、福井県にある家業のテント屋の売上が低迷して危機的な状況にあったため、２０１５年に退職して家業を手伝うことになりました。

といっても、私自身に蓄《たくわ》えはないし、実家は借金を抱えているので、なにかやろうにも打ち手がありません。私が学んできたのは理学療法なので、当然ながらビジネスのスキルも、ネットのマーケティングスキルもありませんでした。

そうした状況で助けになったのは、弟の紹介で知り合った株式会社いないいないばぁというユニークな名前の会社の方々に出会い、**ネット上の無料サービス・ツールだけを用いてネットで初期費用をかけずに商品を販売できる**ということを知ったことです。ここから私は自身でも勉強し、「ホームページの作成術」「コピー・セールスライティング」「ウェブ広告の運用」「ウェブマーケティング」を身につけ、あらゆることを試してきました。

そして2015年、初期費用1620円でテント屋の技術から生まれた、窓に取りつける遮光断熱シートの販売をスタートしました。

ちなみに、1620円はウェブサイトで非常に重要な「トップ画像」をデザイナーにつくってもらうためのギャランティーです。販売用サイトの作成は無料のものだけで行いました。

そこから私は家族と協力してさらに試行錯誤を繰り返し、マーケティングやプロモーションを研究して、売上はどんどん増えました。

2016年には月30万円だったものが、2017年には月400万円に、そして2018年には月間1500万円もの売上を叩き出すようになったのです。

以降は手を加えず放置状態ですが、**2020年6月には、新型コロナウィルスが流行するなか、過去最高となる1800万円の売上が立ちました。**

この経験から、私はインターネットを活用する方法に希望を見出しました。そして、かつての実家と同じように苦しんでいる事業主の人々を助けるため、コンサルティング事業をスタートしたのです。

もちろん、そうした事業者はホームページの作成や広告にかけられるお金はほとんどないところばかりですから、やはり**無料のウェブツールを駆使して、できるだけ安くネット広告を使って最大の効果を発揮する**ようにしています。

たとえば、とあるビジネスのメルマガ登録者数を集める広告を打つとき、グーグルのリスティング広告で1人当たりの広告費を1000円以内で収めたこともあります（通常、プロの広告代理店がやっても情報商材系のメルマガ登録者を1人増やすためには2000～3000円のコストが必要といわれています）。

また、2018年からはもともと自分の専門分野だった理学療法士としての知見を活かし、個人で施術業を始めています。こちらもインターネットで独自にプロモーションをし、実績ゼロの状態から、現在では多数の芸能人の方が顧客になってくれるようになりました。

施術業はコロナウイルスの影響を受けて売上を落としてしまいましたが、ここがまさに複数の収入源があるところの強みで、ほかのビジネスで十分その収入源をカバーできています。ネットが自動的に働いてくれるため、複数のビジネスを余裕で持つことができるのです。

私たちの人生の目標は決してお金ではありませんし、お金があれば幸せが約束されるわけでもありません。しかし、資本主義社会の現代日本では、お金がなければ生きていくのが面倒なケースが多かったり、心に余裕がなくなって幸せを感じにくくなるのは事実です。

そして終身雇用・年功序列が崩れ、「人生100年時代」といわれるほど現役時代が長くなり、そしていつコロナウイルスのような出来事が起こるともわからない世界で生きていく以上、あなたがネットを使ったビジネスにも挑戦し、収入源を増やしていくことは非常に大切なことだと考えています。

私があなたにお伝えするのは、ラクしてお金を稼ぐ方法ではありません。あなたがどのくらいの収入を望むか次第ではありますが、やはり自動化するまでは、どんなに効率よくやってもそれなりに時間はかかります。

しかし、**それを受け入れて本書の内容を実践していただければ、あなたは必ずや第2、第3の収入を手に入れるでしょう。**そのためにもっとも大事なのは、自分の利益を後回しにして世の中の悩みや相手をしっかり感じ取る共感力です。

ここが大事なポイントです。ネットでビジネスを始めればたしかに収入が増えますが、収入を増やすことを目標にすると、いつまでも満たされません。相手の悩みや不安に共感して寄り添うことで、信頼を得て購入してもらい、利益も出る上に感謝されて、あなた自身が満たされるのです。この「手段」と「目的」を間違えないようにしましょう。

私が本書で伝えるのは、あなたが世の中に必要とされてそのお返しとして恩恵を受け、長い人生で**「心の余裕」**を持ってもらうことです。そのための一助として本書が役に立てば、これほどうれしいことはありません。

もくじ

はじめに……004

第1章 「なにを売るか」で9割決まる

ネット副業で大切なのは「売り方」ではない……022
あなたの人生の「バックボーン」を商品にする……024
「できなかったこと」が武器になる……028
マスクの転売がビジネスとして成り立たない理由……032
コラム 「売上目標」と「1日に使える時間」を決める……036

第2章

ニーズをつかむリサーチの技法

リサーチ、リサーチ、とにかくリサーチ……040
ネットアンケートは必須ではない……046
ネットアンケートを有意義にやるためのコツ……048
ネットアンケートで優良な回答を集めるための設問術……050
人々の悩みからキーワードを抽出する……053
人間が持つ5つの根源的な悩み……055
お金・健康・恋愛は人類の永遠の悩み……058
ライバルは多いほうがいい……059
ライバルを分析し、差別化する……061
なぜテント屋の日よけシートはヒットしたのか？……063
コラム グーグルキーワードプランナーで検索数を調べる……067
コラム 広告を使って調査する……072

第3章

集客のための情報発信術

ビジネスをすぐに始めてはいけない……076
ブログやSNSから自分のサイトに導く……077
自分だけの拠点ページをつくる……080
SNSの発信は内容よりも頻度が大事……083
先に「いいね」やコメントをする……085
無料オファーで感想を集めよう……088
最短で結果を出すためのネット広告のキモ……091
コラム 「全額返金保証」で売上が伸びる……097

第4章

思わず買いたくなる文章の極意

メルマガは王道にして最強の収入源……100
1通目からいきなり商品を販売しない……102
メルマガ文章の絶対失敗しない構成……106
商品販売ページの9つの要素……115
「売れる文章術」はもう通用しない時代……124
テクニックを超える文章術の3つの要素……127
動画で説明する場合も文章力が活きてくる……132
信頼は消費されるものである……133
口コミが広がるたった1つの方法……135
素人が最速で月収100万円を突破する方法……137
コラム 高いほうが売れる?……141

第5章

有力者とつながるテクニック

ビジネスの成功法則は「他人に頼る」こと……144
メンターではなくベンチマークを見つけよう……145
できる人にしか相談してはいけない……147
ベンチマークとなる人はどこで見つかるか?……149
会いたい人に会うためにするべきこと……153
会う前の情報収集は必須……155
有力者に気に入られる秘密の方法……157
相手にもメリットのある提案をする……160
「やりたい人」より「やっている人」に応援は集まる……162
ベンチマークと定期的に会って自分のモチベーションを高めよう……164
コラム 自身もベンチマークになって成長する……167

第6章

稼げる人になるライフハック

「だれから買うか」が重視される時代……170
明るいニュースだけに反応して積極的な性格をつくる……173
人生全体のバランスを考える……176
人生の締切をつくり逆算する……180
カンタンすぎることからやる……183
大事な意思決定は午前中に……185
意思決定の回数を増やすために◯◯をする……188
やっぱり神は細部に宿る……190
姿勢を正して強いメンタルを手に入れる……191
陰で人をほめまくる……193
普段からよろこんでお金を払う……195
スマホのゲームは最小限に抑える……196
朝に散歩をして共感脳を鍛える……198

[カバーデザイン] 金井久幸（ツー・スリー）
[本文デザイン・図版作成] 五十嵐好明（LUNATIC）
[校正] 鷗来堂
[カバーイラスト] iStock.com／biscotto87

免責

本書に記載された内容は情報の提供のみを目的としています。本書を用いた運用は必ずお客様自身の責任と判断によって行ってください。これらの情報の運用の結果いかなる損失が発生しても、きずな出版および著者はいかなる責任も負いません。

本書記載の情報は2020年8月時点のものを掲載しております。ご利用時には変更されている可能性があります。WebページやOS、ソフトウェアなどはバージョンアップされる場合があり、本書での説明と機能内容や画面図が異なることがあります。WebページやOS、ソフトウェア等の説明・画面が異なることを理由とする本書の返品および返金には応じられませんので、あらかじめご了承ください。

以上の注意事項をご承諾いただいた上で、本書をご利用願います。これらの注意事項に関わる理由に基づく返金・返本を含むあらゆる処置を、きずな出版および著者は行いません。あらかじめご承知おきください。

» 第1章

「なにを売るか」で9割決まる

ネット副業で大切なのは「売り方」ではない

「ネットで稼ごう！」という文脈だと、多くの書籍（とくに個人の方が出している電子書籍など）ではＨＯＷ（どうやって稼ぐか）ばかりに焦点が当てられることが多いです。

ただ、私自身がビジネス素人から売上を出してきた体験や、企業・個人の方へコンサルティングしてきた経験からいうと、**ネットビジネス未経験の方がまず学ぶべきは、HOWではなくWHAT（なにで稼ぐか）です。**ここをないがしろにしてＨＯＷばかりを学んでも、なかなか結果は出せません。

もちろんＨＯＷも大事です。売り方次第で結果がまったく変わることはよくあります。ただ、それよりもあなたが売りやすい、説得力のある商品・サービスを選ぶことのほうがよほど大事なのです。

たとえば本業でラーメン屋さんをやっている方から、「ネット販売でプリンが人気だから、プリンを売る方法を知りたい」と相談されたら、私はまず「それもいいですが、ラーメンのほうが熱意を持って売れるのではないですか?」という問いから始めます(もちろん、「どうしてもプリンを売りたい」という強いこだわりが本人にあったり、ラーメン屋さんがプリンを売ることにお客さまが納得する強力な理屈があったりすればOKです)。

これは普通の企業のビジネスでもまったく同じですが、**どれだけマーケティングやプロモーションにお金をつぎ込んでも、そもそも売る商品・サービスが低品質だったり、想いが乗っていなかったり、売り手とミスマッチを起こしたりしていたらなかなか結果はついてこないのです。**

ですから、あなたがまず知るべきなのは、WHAT……つまりなにを売るかを定めることであるといえます。

なお、WHATというと物理的な商品をイメージする人もいるかもしれませんが、たとえば「文章力」「イラストを描く力」「ホームページをつくる能力」なども商品として提供できるものです。

この章では、そのWHATの見つけ方をご紹介していきます。

あなたの人生の「バックボーン」を商品にする

結論を端的にいえば、ネットでなにかを販売する場合、**「あなたのバックボーン（人生軸）に沿った商品を販売する」のが鉄則となります。**先のラーメン屋さんの例でいえば、ネットでプリンを売るよりも「自宅でつくれるラーメンセット」を販売したほうがいいということですね。

これには理由が2つあります。

第一に、**あなたのバックボーンに沿った商品のほうが売りやすい**からです。

これは書籍で説明するとわかりやすいかもしれません。

たとえば、医者でも研究者でもない人が「健康法」についての本を書いても、あなたは「なんで?」という疑問が先に浮かび、別にその本を買って読みたいとは思いませんよね。

私がこの本を書いているのも「ネットビジネスでピンチになっていた実家の経営をよみがえらせた」「ネットビジネスのコンサルタントとして現在も活動し、成果を上げている」「自分自身がネットを活用して複数収入を得る生活をしている」というバックボーンがあるからです。

もちろん、見た人に「なぜ?」と思わせることが絶対に悪いわけではありません。あえてバックボーンからずらしたものを提供することで、相手の興味を引くという戦略もあります。

ただ、その場合でも、**「なぜ一見すると関係なさそうな自分がこの商品を提供するのか」**ということの整合性をお客さんに説明しなければなりません。

ラーメン屋さんがネットでプリンを売るなら、「なぜラーメン屋がプリンを売るのか」「なぜそのプリンは美味しいと断言できるのか」をしっかり説明してあげる必要があるということです。うまくいけば「ラーメン屋のプリン」として独自の地位を獲得し、成功できるかもしれません。

このような「あえてバックボーンからずらす」という戦略もありますが、やはり初心者であれば、この方法は使わないほうがいいでしょう。整合性とオリジナリティを両立させるのはなかなか難易度が高いからです。

バックボーンに沿った商品を提供したほうがいい第二の理由は、これが最大の理由なのですが、**バックボーンに沿った商品のほうが、あなた自身がラクだからです。**


もしもあなたのまったく専門外のジャンル、あるいは全然興味がなかったり、本当は嫌いだけど「売れそうだから」という理由だけで選んだビジネスにすると、そのためにそのジャンルのことを学んだりするのは苦痛になります。苦痛を感じながらお金のために多大な時間や手間をかけるのは賢いやり方ではありません。

それに、ネットでのビジネスは一度軌道に乗ればいいですが、軌道に乗せるまでには試行錯誤を重ねたり、なかなか結果が出ない時期があったりして、ヤキモキすることがあります。

バックボーンに沿わないものを取り扱っていると、そういうスランプの時期につらくなって、ビジネスそのものをやめてしまいやすくなります。

ここがポイントですが、**大事なのは続けることです。**

ブログだってユーチューブだって、もともと著名人でもない限り、スタートし

あなたの最高のビジネスの見つけ方

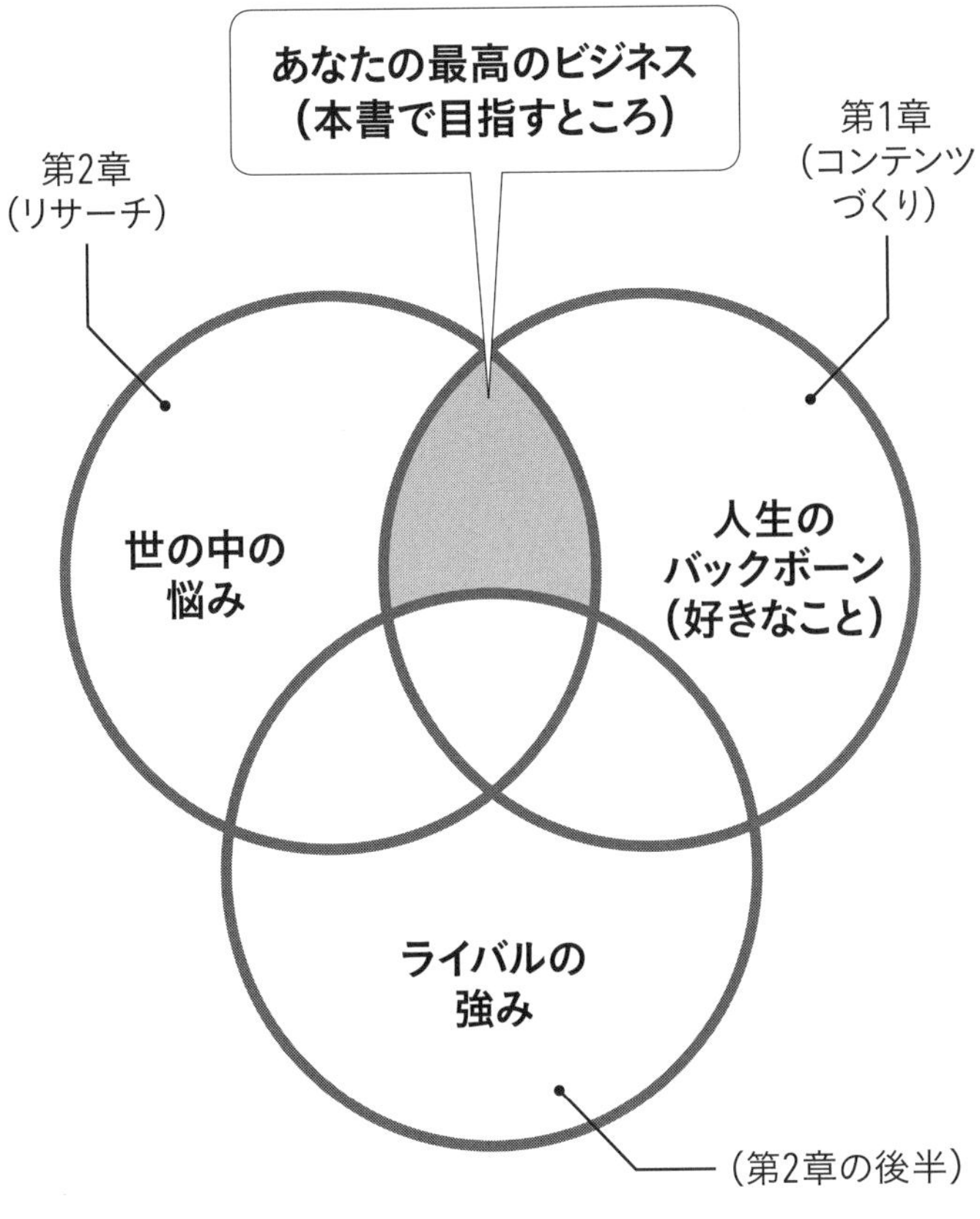

ていきなり人気になることはあり得ません。話題にならなくても毎日コツコツ続けていくことで次第にファンができていきます。

ネットビジネスも同じで、よほどセンスがある人でない限り、スタートしていきなり稼げる人は滅多にいません。

あなたのバックボーンに即した商品であれば、楽しく続けられますし、副業のために必要な時間や手間も減りますから、それだけ続けやすくなります。これが大事なのです。

「できなかったこと」が武器になる

では自分のバックボーンをどうやって定めればいいのか。

まず候補として挙げられるのは、あなたがいまやっている仕事です。

私の場合、理学療法士だった経験を活かして、体づくりのワークショップや解剖学の勉強会などを開催してきました。ブログやSNSなどで告知・集客をし、定期的に半日のワークショップを開催して副収入を得ることができました。

理学療法士はちょっと専門的な技能ですが、たとえばあなたが普段会社で議事録をつくる仕事をしているなら、テキスト入力や情報の整理などは慣れているといえます。

ですので、ネットでデータ入力の仕事や文字起こしなどの仕事につなげれば、本業の経験を活かせますよね。

もう1つは趣味です。

たとえばカメラが趣味なら、自分が撮った写真を写真サイトで販売する方法があります。家電が好きなら家電を紹介するブログをつくってアフィリエイトで稼ぐ道もありますね。

いまは各種のクラウドソーシングサイトやココナラといったサービスがあり、ちょっとした特技などを簡単にビジネス化できるウェブサービスも多数あります。

本業にしても趣味にしても、**あなたがこれまで長い期間やってきたことなら、あなたにとって「やるのが苦ではないこと」である可能性が高い**です。それをネ

☆これで検索！

クラウドソーシング　在宅ワーク

ット上でうまく商品に変えれば、続けやすいはずです。

それでもなかなか思いつかない人は、次の質問に対する答えを考えてみてください。

・あなたが人からよく相談されることは？
・あなたがこれまでの人生で一番お金をかけてきたことは？
・あなたが一番継続できていることは？
・いまは得意だけど、昔は苦手だったことは？

このなかで意外とあなたのビジネスを見つけるヒントになりうるのが**「いまは得意だけど、昔は苦手だったこと」**です。

この経験はネットでビジネスをする上で、じつはとても大きなアドバンテージになります。

たとえば「売れる文章を書く方法」というコンテンツをネットで販売するにしても、元々文章が得意だった人から教わるより、「国語のテストで赤点ばかりだったけど、いまは文章に関わる仕事で成果を出している」というほうが共感を集められるケースは珍しくありません。

苦手な人の気持ち、苦手な人のニーズを知っているわけですから、それは貴重な武器になるのです。

自分のバックボーンを探す場合は、あなたの得意なこと、好きなことなどを紙に書き出すなどして整理しておきましょう。

1つ思いついてもそこで思考を止めず、もっと考えてみると、もっとお金にしやすいあなたの得意なことが見つかることはよくあります。まずはあまり深く考えすぎず、思いつくものをすべて書き出してみましょう。

そして、そのなかでもっともやりたいと思えるものが、あなたのビジネスの第一候補になります。やりたいと思えたり、好きなものは、ビジネスにしても楽しめるものです。

マスクの転売がビジネスとして成り立たない理由

ここでビジネスの絶対法則をお伝えします。

ここまでの内容で、あなたが得意なこと、好きなこと、苦ではないことをビジネスにしましょうとお話ししてきましたが、それに該当すればすべてお金に換えられるわけではありません。

ビジネスにする、つまり対価を受け取るためには、もう1つ絶対に必要な条件があります。それは、

「ビジネスが成り立つのは、それを受け取った人がよろこぶから」

というものです。

当たり前といえば当たり前なのですが、意外とこれを忘れたまま、思いつきでネットビジネスを始める人が少なくありません。そしてそうなると往々にして失

敗します。大切なのは、「自分が得意で、かつ受け取った人がよろこぶもの」を見つけることです。

ただ、これが問題なのですが、じつはこの原則に従わなくても、「短期的に」であればお金儲けができてしまいます。

もっともわかりやすいのは、新型コロナウイルス感染症が流行した際に増えた、「マスクの転売」でしょう。

そのころ、薬局やコンビニの棚からマスクが消え、ネット上のフリマサイトなどでマスクが高額で販売されていました。

そして、マスクがなくて困っている人たちは、高額でもそうしたマスクを購入していたので、結果として転売をしている人たちは儲けることができたのです。

マスクの転売をそれこそネット副業としてやっていた人もいるでしょう。

資本主義社会では、モノの値段は需要と供給のバランスで決まります。需要>供給なら値段が高くなる。需要<供給なら値段が安くなるという図式ですね。この原理に従えば、マスクを定価で買い占めてプレミアムを乗せた価格で売るのは、

ビジネスの原理的には間違いではありません。

ただ、**このときマスクを購入した人はよろこびながら買っていたわけではありません。本当はこんな高いマスクは買いたくないけれど、それでもマスクはほしいからイヤイヤ買っていました。**つまり、先に述べた原則から外れるわけですから、長期的なビジネスにはなり得ないのです。

実際、そのあとに法律で規制がかかり、取得価格以上の価格でマスクを転売した場合は1年以下の懲役もしくは100万円以下の罰金が科せられることになりました。また、各社がマスクの増産をしたことでマスク価格は下落し、「マスクバブル」はあっという間に崩壊しました。このように刹那《せつな》的に儲けることは、株式投資でいえばデイトレードのようなものです。

いろいろとコストもかかるし、読みが外れると損失を被《こうむ》る大きなリスクにもさらされます。また、普通の感覚の人なら罪悪感を抱くと思うので、このようなビジネスは勧められません。

もちろん、だからといって転売がすべて悪であるわけでもありません。**買った**

人がよろこぶような転売であれば、それはビジネスとして成り立ちます。

たとえば、日本では入手できない海外のブランドの洋服やファッション関係の商品、アンティークや限定性のあるものなどを海外サイトから外国語を翻訳しながら探し出し、プレミアムを乗せて販売するのはいいことです。むしろ、社会貢献の1つになるといっても過言ではありません。

なお、メルカリなどのフリマサイトを利用するのであれば不要ですが、自分でサイトをつくって本格的に転売ビジネスをする場合、古物商の資格が必要となりますので、警察署（公安委員会）に古物商の申請をして許可を受けましょう。

その際、申請に2万円程度かかります。申請方法が難しくてわからない場合は、行政書士に依頼すると代行してもらえます（そこにも費用が発生しますが、最初にメルカリやヤフオクで家の不用品を売れば、2万円程度は集まります）。

それはさておき、では、どうすれば自分のバックボーンが「受け取った人がよろこぶかどうか」……つまりビジネスとして成立するのかどうかをたしかめればいいのでしょうか。これについては第2章で説明していきます。

コラム

「売上目標」と「1日に使える時間」を決める

副業としてネットビジネスを始めてみた人がよく陥《おちい》るパターンがあります。睡眠時間を削ったり休日を返上したりして、自分の自由な時間がなくなってしまったというものです。

副業に時間を奪われて、逆に日々の生活からゆとりがなくなってしまうというパターンです。

ネットビジネスはいつでも・どこでもできるがゆえに、油断すると際限なく自分の労力や時間を費《つい》やしてしまうことになりかねません。そうならないために必要なのが、「目標金額」と「使う時間」を定めておくことです。

副業の収入に関していえば、たとえば2018年に日経ビジネスが公表した調査（＊）によれば、「副業に興味がある人が希望する副業月収」の結果で、「5〜

＊副業やるなら収入はいくら欲しいですか？（NBO世論調査）
https://business.nikkei.com/atcl/research/15/220303/072400007/

7・5万円未満」「7・5〜10万円未満」がボリュームゾーンになっています。ほかの調査でも、おおむね5〜10万円を副業によって得られれば理想だと考えている人が多いことがわかりました。

このあたりの金額は現状の収入や、目指したい生活レベルによって変わりますが、まず「いくら稼ぎたいのか」を数字で明確にしておくことは大切です。

収入より自由時間の確保を優先させたい人は、先に1日に使える時間を決めてから、目標月収を決めるという順番でもかまいません。

時間を決めるときに大事なのは、**「疲れずに楽しみながらできる時間」**に収めておくことです。どんなビジネスをするかによって必要な時間は変わると思いますが、30分でも1時間でもかまいません。ここで無理をすると、ネットビジネスが負担になって続かなくなってしまいます。

もう1つ、時間を決めるときに覚えておくべきことは**トレードオフ**です。

私たちは24時間、つねになにかをしています。新たにもう1つ収入源をつくるということは、**絶対になにかをする時間を減らす必要があるのです。**

もちろん、睡眠や食事、家族との団らん時間を減らすのは論外ですが、たとえばスマホでゲームをやっている時間、意味もなくテレビやユーチューブを見ている時間、SNSを見ている時間などがあれば、それらを減らして副業のための時間に変えることはできます。

これまで「消費」に使っていた時間を「生産」の時間に充《あ》てることで、有意義な時間の使い方ができるようになるでしょう。

時間を決めるのが大切なのは、それをルーティン化させるためです。

「気分が向いたときにやる」というのでは絶対に続きません。金額にしろ、時間にしろ、「月にいくら」「1日何分」と先に自分でルールをつくっておきましょう。

時間については、可能であれば

「夜の9~10時は副業の時間に充てる」「帰宅して食後30分は副業の時間にする」

など、時間帯も固定するとなおいいです。

人間は物事に取り組み始めると脳の側坐核《そくざかく》という部位が刺激され、やる気が出ることが医学的にわかっています。**やる気はやっているうちに出てくるのです。**

そのため、先に時間を固定することで、自動的に自分のやる気を引き出す習慣をつくることができます。

» 第2章

ニーズをつかむ
リサーチの技法

リサーチ、リサーチ、とにかくリサーチ

第1章で自分のバックボーン、つまり自分の好きなこと、得意なことがわかったとしても、そのままビジネスとして成り立つかはまた別の話です。

そこで次に、あなたのバックボーンを世の中の悩み、ニーズにすり合わせる必要があります。

まずはあなたが始めようと思っているビジネスで、お客さまとなってくれる人が悩んでいると思うことをできる限り紙に書いてみてください。思い浮かんだままの想像でかまいません。

たとえば、動画編集のスキルを活かしてビジネスにするなら、「動画の編集」で世の中の人はどのように悩んでいるのかを書いてみましょう。

「結婚式で使う動画がうまくつくれない」

「ユーチューブをはじめたいけど、動画編集をする時間がまったくない」

「職人気質だけど、プロみたいなクオリティで編集するやり方がわからない」

思いついたことを書き出したら、ウォームアップは完了です。その後は次の5つの方法で本格的に調査しましょう。

1．インターネットで検索する

グーグルやヤフーなどの検索エンジンで「動画編集　悩み」（動画編集の部分はあなたが得意なことに置き換えてください）などと検索すると、いろいろなページがヒットします。

コツは、**思いつく限りいろいろな言葉で検索してみる**ことです。ちょっと言葉を変えるだけでまったく違う検索結果が出てきます。

ただし、このようにネット全体で検索すると、意外と古い情報が出てくる場合もあります。

その場合、検索結果の設定を「1年以内」などに設定するなど、あまりにも過去のものはふるい落とす工夫をしてみてください。

2. SNS内で検索する

SNS内だけで検索するのもいいやり方です。とくにツイッターはちょっとした悩みを気軽につぶやける空間なので、意外な悩みが見つかります。

ユーチューブも効果的です。

こちらの場合、キーワードを入れるとそれに関連する動画が出てきます。そのなかで再生回数の多い動画を選び、見てみましょう。

ただし、動画を見るわけではありません。**注意するべきは視聴者から寄せられたコメントです。**

コメントには多種多様な意見があり、「もっとこんなことが知りたい」「ここがわかりにくい」などという意見があります。それを注意深くスクリーニングしていくのです。

3. 悩み相談サイトで検索する

悩み相談サイトとは、一般の人々が悩みを投稿し、それに対してやはり一般の人々がアドバイスをするサイトです。有名どころでいうと、「ヤフー知恵袋」や「教えて！goo」などがあります。

ここで、**自分が売りに出そうとしているものをキーワードで検索し、悩みの内容をチェックしていきましょう。** 逆に、悩みに対する回答はあまり悩み調査には役に立たないことが多いので、チェックする必要はありません。

たとえばアロマセラピーに関するビジネスを考えているのであれば、ヤフー知恵袋内で「アロマセラピー」と検索してみます。

そして、不眠に関する質問が多くあったとすると、不眠に関するアロマセラピーを特化していくとビジネスになるかも……ということになります。

4．書店に行く

これはネットではありませんが、書店に行ってあなたのビジネスに関連するハウツー本を探してみることも非常に効果的です。

近くに大きな書店がなかったり、探すのが難しかったりする場合は、アマゾンや楽天ブックスといったネット書店で検索してもかまいません。

本は基本的に出版社が世間的なニーズがあると判断したジャンルのものをつく

☆これで検索！

Q&Aサイト　質問

り、プロフェッショナルがどうすれば読者に響くだろうかと考えながら、タイトルやコピー（文言）などを決めていきます。

つまり、そうした本に使われている言葉や、本の内容を読むことで、そのジャンルが苦手な人たちがどういう悩みを抱えているのかがわかるということです。

5．人に聞く

あなたがこれからネットでビジネスを始めたいのであれば、出会った人の悩みを聞き出したり、見抜いたりするクセを身につけましょう。

なんだかんだいって、直接人から話を聞き出すというのは、もっとも信頼できるパワフルなリサーチ方法です。

どんな人も悩みを持っていて、解消したいと思っています。日ごろから悩みを察知するクセをつけることで、よい人間関係も構築されますし、いざ問い合わせが来たときも相手の悩みをしっかりと確認してあげられます。

また、直接人と会ってコミュニケーションをとることは、単にリサーチ手法としてすぐれているだけではありません。

そのような積み重ねをすることで、より多くの人があなたに心を開いてくれるようになり、人脈が広がったり口コミの価値が上がったり、最終的な購入につながったりします。

人の悩みというのは本当にさまざまで、自分が当たり前のようにできることでも、それがうまくできなくて悩んでいる人はたくさんいます。

つい「こんなことじゃ別にお金にならないよな」「これは売り物にはならないよな」と思ってしまいがちですが、それは大きな間違いなのです。

たとえば、フリマサイトで「石ころ」と検索してみてください。河原《かわら》で拾ったような石ころが300円くらいで販売されていたりします。

あなたがこれまでの人生で経験してきたこと、そして持っているものはすべて財産で、「売る場所」「売る相手」「売る値段」を間違えなければ、お金に換えることができます。

そのことを認識する上でも、しっかり世の中の悩みをリサーチしてみましょう。

ネットアンケートは必須ではない

副業であればここまでのネットリサーチで十分だとは思いますが、あなたが売りたい商品・サービスによってはなかなかピンポイントで悩みが見つからないというケースがあるかもしれません。あるいは、もっと直接的に悩みを知りたいという人もいるでしょう。

その場合、**インターネット上でアンケートを作成し、それで意見を集める方法**があります。

昨今は無料のサービスを使ってだれでも簡単にアンケートをつくれるので、これを利用してみるのもいいでしょう。

これは「アンケート　作成」などで検索してもらえば、さまざまなツールが見つかります。

あるいは、もっとも簡単なものだと、フェイスブックやツイッターに備えつけ

☆これで検索！

アンケート　無料　作成

られている簡易的なアンケート機能を利用する方法もあります（当然ながら、こちらを利用するにはそれぞれのＳＮＳのアカウントが必要です）。

ツイッターはうまく拡散すればフォロワーではない人からも回答を集めることができます。

フェイスブックの場合は友だち以外に拡散されることがないので、そもそも母数（つまりフェイスブック上の友人数）が少ないとあまり期待できないというデメリットはあります。

……と、ここまで説明してきたわけですが、アンケートは正直なところ利用者の層にかたよりがあるため、参考程度にしておきましょう。

なので、**よほどターゲットがネットユーザーとマッチしたこと、どうしてもアンケートを取る必要があるような**ものでなければ、あえてアンケートを作成する必要はないと思います。

ネットアンケートを有意義にやるためのコツ

もし、どうしてもネットでアンケートを取って生の声を集めたいということであれば、私がオススメするのは**クラウドソーシングサイト内でアンケートを作成する方法**です。

クラウドソーシングというのは、ネットを通じて不特定多数の人に仕事を依頼、受注したりすることです。そういったクラウドソーシングを行う人たちのマッチングをしているサイトがたくさんあり、多くの企業や個人が活用しています。有名どころでいうと、「クラウドワークス」や「ランサーズ」があります。ここでアンケートを有料で集めるのです。

たとえば、「アンケートに答えてもらえば10円の報酬を支払う」という設定でアンケート（依頼）を公開すると、1000円の予算で100件の回答を集めることができます。私は何度もやってみたことがありますが、**半日ほどあれば**

☆これで検索！

クラウドソーシング　サイト

100件くらいの回答を集めることは十分可能です。

もちろん、報酬金額はアンケートの長さや、形式によって変更したほうがいいでしょう。

たとえば設問が20も30もあったり、記述式の質問がたくさんあるのであれば、しっかりした答えを集めるためにもそれに応じて報酬を上げておくべきです。

これはいくらに設定するのが正解かは難しいところで、実践する前に、ほかの人がどのくらいの報酬でアンケートを実施しているのかを見て、それに合わせて価格を設定していくのが賢いやり方です。

なお、クラウドソーシングサイト内でアンケートに答える人は、必然的にそのクラウドソーシングサービスに登録している人に限定されます。つまり、ある程度は回答者の属性がしぼられてしまうということです。

とはいえ、ネットビジネスのお客さまはそもそもインターネットに馴染《なじ》みがある人に限定されるはずですから、それほど実際のお客様とかけ離れてしまう恐れは多くはないでしょう。

もし、数千円くらいのお金をかけてもいいという人であれば、この方法で直接意見を集めるのは十分アリです。

ネットアンケートで優良な回答を集めるための設問術

アンケートの内容が優良なものになるかどうかは、アンケートの設問の質に大きく左右されます。

そこで、クラウドソーシングサイト内で報酬つきのアンケートの設問をつくるとき、私が意識していることをシェアしておきます。

1．設問数は7つ以内

人間は多くのタスクを嫌うので、設問は7問以内に収めたほうがいいです。

もちろん、報酬を引き上げれば長いアンケートでも答えてもらえる可能性が高まりますが、やはり回答に時間がかかりそう・面倒くさそうだと思われると、回答数が減ってしまいますし、十分な数を集めるのに時間がかかってしまいます。

2．回答が具体的になるようにする

たとえば私は施術業もやっているのですが、そのときには次のような質問にしました。

「施術業をやりたいと思っています。そこで教えていただきたいのですが、あなたは体の部位でどこが痛みますか？」

これでもし「腰」という回答が多ければ、腰の施術に特化したものにしようという方向性が定められるわけです。

回答が具体的なものになるように工夫するのは、言い方を換えれば「**回答者の負担を減らす**」ということでもあります。そうすれば、短期間でたくさんの回答を集められることにもつながります。これは選択肢をあらかじめ用意しておき、チェックを入れてもらうだけにする方法も有効です。

3．回答者の属性をしぼる

商品・サービスのターゲット層が決まっているなら、老若男女だれでも答えられるようにするより、「性別」「年代」「居住地域」「年収」「職業」などを指定し、それ以外の人の回答を抑えるようにしたほうがいいでしょう。

本当にその人がその属性に該当する人物なのかどうかを確認する方法はないのですが、最初からこのように指定しておくことで、回答者の属性をしぼることは可能です。

もちろん、それで思うように集まらなかった場合、回答者の属性を変えてもう一度集めなおす必要が出てきます。

4．記述式にする

せっかく報酬を設定してアンケートを取るのですから、一度のアンケートで材料がたくさん集まるようにしたいものです。

こちらから選択肢を提示して選択式にするよりも、1つくらいの質問は、任意でよいので回答者に記述してもらったほうがいいでしょう。

また、ちょっと回答者への負担が大きくなってしまいますが、「具体的なエピソード」を求めるのも場合によっては効果的です。

人々の悩みからキーワードを抽出する

いろいろな情報をリサーチできたら、次はそれらの材料を分析する作業です。

まず、調査結果を具体的に書き出してみましょう。

そうすると、**出てくる頻度の高い悩み**が見つかってくるはずです。

あるいは、よく出てくるキーワードがあるかもしれません。

もし共通して出てくる悩み、キーワードが見つからない場合は、調べている数が足りない可能性があるので、調査を続行する必要があります。

たとえば、私がこの本を執筆するにあたって「副業の悩み」を調査してまとめたところ、副業をしたいと思っている人たちが抱きがちな悩みとしては、次のようなものが頻出することが判明しました。

・会社で禁止されていて副業ができない
・こっそり副業しても大丈夫か心配
・専業主婦だけど、少しでも貯金をしたい。オススメの副業を知りたい
・確定申告や書類の提出のタイミングや方法がわからない

いかがでしょう。

もしかすると、この本を読んでいるあなたに当てはまっているものがあるかもしれません。

このように、調査してあなたのビジネスと悩みとをすり合わせることこそが、お客さまから選ばれる重要なポイントです。

最初は気楽な気持ちでやって反応を見ていけば大丈夫です。これはいわば「抽出」の作業です。

人間が持つ5つの根源的な悩み

リサーチ結果の抽出作業が終わったら、次にあなたがやるべきは「抽象化」の作業です。

そもそもの話として、人間が悩んでいること、困っていることはそんなにバリエーションが多くありません。

心理学系の本でよく出てきますが、「マズローの欲求5段階説」が役に立つので、説明しておきます。

マズローによれば、人の悩み事は究極的に分類すると次のようになります。

- ・生命を維持したい
- ・安全を確保したい
- ・人と関わりたい

・認められたい
・自己実現したい

たとえば「健康になりたい」というのは生命維持ですし、「恋人がほしい」というのは人との関わりですね。

副業でいえば、すでに本業がある人がもっと生活にゆとりを出すために副業を考えるケースが多いわけですから、安全の確保であると考えられます。

このような視点を持つと、世の中にある既存のビジネスがよく理解できるようになります。

女性向けのダイエット商材なら、認められたいという気持ちや、綺麗《きれい》になりたいという自己実現を解消させてあげるものということになります。

あなたが提供できそうなものが、このマズローの5つの欲求のどこに該当するかを分類してみましょう。

これが抽象化するという作業になります。

そして、**これらの欲求をより多く満たせるようなものに変えられないか**も考えてみてください。

とくに現代の日本人は安全は確保できているため、自己実現したい人が増えています。

複数の欲求を同時に満たすことができるのであれば、ビジネスとして人気が出やすいからです。

たとえば、飲食店で単に空腹を解消できるというのであれば、「生命維持」という悩みを解消するだけですよね。

しかし、美味しいものが食べられる上に、人と楽しくおしゃべりができて、オシャレな店内で特別感が味わえるというのであれば、「人と関わりたい」「認められたい」といった欲求も満たせることになります。

リサーチをする上でもっとも大切なのは具体的な事実（ファクト）を集めることですが、集めたファクトをファクトのままにしておいてもあまり意味はありません。

ファクトからエッセンス（本質）を抽出し、抽象化することが大切なのです。抽象化すると、別のニーズが満たせる可能性があるということに気づけます。

お金・健康・恋愛は人類の永遠の悩み

人々の悩みを抽象化する軸としてマズローの欲求5段階説を紹介しましたが、もう1つ悩みの分類方法をご紹介しましょう。

いつの時代も共通する悩みが世の中にはあります。そしてそれは3つに分類できます。

それが**「お金」「健康」「恋愛」**です。

資本主義社会ではお金なしでは生活できませんし、人間は生きていると病気になったりケガをしたりします。また、人間はどれだけ進歩しても動物ですから、性愛についての悩みがなくなることはあり得ません。

どんな悩みも、根源まで突き詰めていくとこの3つに行きつきます。

ですから、この3つに関することは、いつの時代もかたちを変えてビジネスにすることができます。たとえば、お金の不安を減らすための保険は明治時代からありますし、現代は長寿になり、がん患者が増えたらがん保険が誕生するなど、時代とニーズに合わせてサービスが変わっています。

絶対にこの3つが大事という訳ではありませんが、これらの悩みに関することはビジネスとしても存続しやすいですし、新しいチャンスが誕生することもあります。

マズローの分類と合わせて、あなたの提供するものがこの3つのどれに引っかかるのかというのは、しっかり分析しておきたいところです。

ライバルは多いほうがいい

さて、リサーチをしていると将来のお客さまになりうる人々のさまざまな悩みが手元に集まりますが、それと同時に必然的に集まってくるものがあります。

それがライバル（同業他社）の情報です。

当然ながら、あなたが考えているビジネスにはすでにそれを提供しているライバルがたくさんいます。

ここで多くの人が抱きがちな間違いがあります。それは「ライバルはいないほうがいい」「競争の激しくないブルー・オーシャンを目指すべき」「ニッチな分野を攻めよう」というものです。この考えは今日から捨てましょう。**ライバルは絶対にいたほうがいいのです。**

もちろん、あなたがどうしてもやりたいビジネスが自然とニッチな分野、競合の少ない分野に向かうのであれば、それはそれで問題ありません。

しかし、ライバルがいない分野は、そもそもビジネスとして成り立たない恐れがあります。

世の中はつねにさまざまなビジネスが誕生しているため、ビジネスとして成り立たない分野はなくなっていきますし、反対に成り立つ分野には自然と人が集まります。

つまり、**もしもライバルが少ない場合、「これはビジネスとして成立しないのかもしれない」と考えたほうが正しいのです。**先に紹介したようなフィットネスでもファッションでもウェブページ制作でも、大きい分野で見たときは必ずライバルのいるところでビジネスを持ちましょう。

ライバルを分析し、差別化する

もちろん、ただライバルの多いところに行けばそれでＯＫというわけではありません。ライバルの有無《うむ》を確認してから、差別化を図る必要があります。

差別化は具体的にはどうすればいいのかというと、「ライバルの強みを避ける」ということです。同じ分野のなかで、ライバルが得意としているターゲット層とかぶらないフィールドを探しましょう。

たとえば、同じダイエットに関する商品でも、20代の女性をターゲットにしているのか、50代の男性をターゲットにしているのかで、まったく商品のアピール方法が変わります。

さらに、同じ50代男性でも、健康面が心配でやせたいのか、それとも見た目を気にして改善したいのかということで、ターゲットも商品の内容も変わります。

ですから、あなたがビジネスをする上で、同じ分野でもライバルの強みを避けることが大事になります。

ライバルとなる事業はネットの検索ですぐに見つけることができるので、チェックしていきましょう。

あなただけの強みを持って販売していくには、ライバルの強みだけではなく弱みを知る必要があります。手間に思うかもしれませんが、大事な作業です。

どんなビジネスでも、ターゲット層があるということは、どこかにはターゲット外の弱点となる部分があります。ライバルの商品レビューなどがあれば、低評価のものは参考にしましょう。

ほかにも、どのポイントを売りにしていて、どのポイントは捨てているのか、どのようなお客様は対象にしていないのか、しっかりと調べていきましょう。

その弱点に気づいたら、あなたがその弱みを満たせるように商品を用意して、販売することができます。

ある程度は、強みがかぶってしまうのは仕方ありませんが、あなただけしか持っていない強みを1つは持つようにしましょう。それこそが、世界にあなただけのお客様やファンを持つための秘訣です。

なぜテント屋の日よけシートはヒットしたのか？

ここで、具体的に私が実家のテント屋を救うために開発した「日よけシート」を販売するに当たってどのようにリサーチし、どんな差別化をしていったのかを説明していきますね。

私の実家である福井県の上田防水布店は創業が大正8年、2020年で101年目になる老舗のテント屋です。もともと高い技術力を持っており、台風や吹雪《ふぶき》にも負けない強靭《きょうじん》な布製品を販売していました。

日よけシート自体のアイディアは、私が幼少期のころの出来事がきっかけとなりました。

私の部屋は西日が強く、部屋が非常に暑くなって困っていたのですが、父親がテントの生地を断裁して吸盤で窓に貼ってくれたところ、大変快適になった経験があったのです。

実家を復興させるべくネット通販をしようと思っていたときに、「はじめに」でも書いた株式会社いないいないばぁの方の助言もあり、これを商品化することにしました。

私自身が昔困っていて、それを解決できた商品だったのだから、同じように困っている人が世の中にはいて、そうした人たちに届けられればビジネスとして成立すると考えたのです。

その場合、ライバルとなるのはブラインドやロールスクリーン、あるいはカーテンなどです。

家業ではこれらのライバル商品も扱ってはいたものの、そうした既存商品の弱点はないのかと前述した方法でネットで調べてみたところ、「取りつけに工事が必要」「既製品だと自宅の窓にピッタリフィットしない」という不満があることがわかりました。また性能に問題があり、遮光シートを購入しても1枚では不十分なので、2枚、3枚と重ねて使用している人もいることがわかったのです。

そこで、遮光性・遮熱性に優れたテント生地を使い、オーダーメイドでどんなサイズにも対応でき、かつ取りつけが簡単な「クールブレイド」という商品を販売することにしたのです。

これは私が子ども時代に使っていたのと同じように吸盤で窓にとりつけられるもので、つけたまま窓の開閉もできるというメリットもありました。

もちろん、ライバルと比べてデメリットもあります。それは価格が高いということでした。既製品のブラインドなどが1000円ほどで売られているのに対し、窓のサイズにもよりますが、クールブレイドはオーダーメイドでカットするので6000円~2万5000円ほどになっています。

ただ、本当に効果のある品質の高さと機能性を兼ね備えた製品を欲している人であれば、売れない金額ではないと考えたのです。その結果、このクールブレイドによって上田防水布店は復活を遂げました。

これはまさに、上田防水布店がもともと持っていたバックボーンを活かしつつ、購入者のニーズに合わせていき、ライバルとの差別化を図った結果です。

なにを売るかを考え、リサーチし、差別化する。

この段階で、ネットでビジネスをする場合の結果はほとんど決まってしまうのです。

そして、この段階を踏んで無料サービスを使えば、どんどんビジネスを成功させていくことができます。

コラム

グーグルキーワードプランナーで検索数を調べる

このコラムの内容はちょっと高度ですが、できるようになると、その商品・サービスにそもそも世間的ニーズがあるのかどうかを気軽に確認できるようになるので、とても便利です。

これは「グーグルキーワードプランナー」という、グーグルが提供している無料のサービスを使う方法です。**このキーワードプランナーを使えば、指定のキーワードが月間でどのくらい検索されているのかを調べることができます。**

グーグルキーワードプランナーは本来、グーグル広告を出すときに用いるものですが、実際に広告を出さなくても利用できます。

以下、流れに沿って説明していきます。

1．グーグルアカウントをつくる

もしもグーグルアカウントを持っていない場合、まずはグーグルアカウントをつくる必要があります。パソコンで「グーグルアカウント」と検索して、必要な情報を入力していきましょう。

2．グーグル広告にログインする

グーグルアカウントをつくったら、次に「グーグル広告」と検索して、出てきたページにアクセスします。名前の通り、これはグーグル広告を出すためのサイトなので、アクセスしてグーグルアカウントでログイン後、広告をつくる手順に進みます。

3．仮の広告を作成する

グーグル広告の手順に従い、必要情報を入力しておきましょう。とはいえ、ここでは実際に広告を運用するわけではないので、深く考える必要はありません。ただ、広告のリンク先としてURLが必要になります。このURLは自分のSNSのアカウントなどを使いましょう。最後に広告料の支払情報まで入力して、完了させます。

4．広告を停止させる

支払情報まで入力すると実際に請求が来てしまうのではないかと心配になるかもしれませんが、大丈夫です。グーグル広告は成果報酬型なので、クリック数がゼロなら広告料はゼロ円です。

そのため、広告をつくったらすぐに広告を停止させてしまいましょう。そうすれば請求が来ることはありません。

5．エキスパートモードに移る

ここまでできたら、いよいよ本番です。グーグル広告の画面のなかの「ツールと設定」のところを押すと、「キーワードプランナー」が出てきます。そこをクリックしてキーワードプランナーを開きましょう。

6．調べたいキーワードを入力する

キーワードプランナー画面で「新しいキーワードを見つける」をクリックしましょう。虫めがねマークのところに検索数を調べたい用語を入力すると、結果が下に出てきます。

試しに「日除けシート」という言葉を調べてみた結果が左ページです。注目するべきは**「月間平均検索ボリューム」**の部分。目安としては、ここが5000〜1万くらいないと、ニーズがないのではないかと考えられます。

とはいえ、それで扱う商品を諦めればいいというわけでもありません。ちょっと言い回しを変えるだけで検索数が大きく変わることはよくあります。

そのため、商品名を考えたり、広告を打ったりするときの文言を決めるときに、グーグルキーワードプランナーを使って効果的な文言を定めましょう。

グーグルキーワードプランナーの検索結果画面

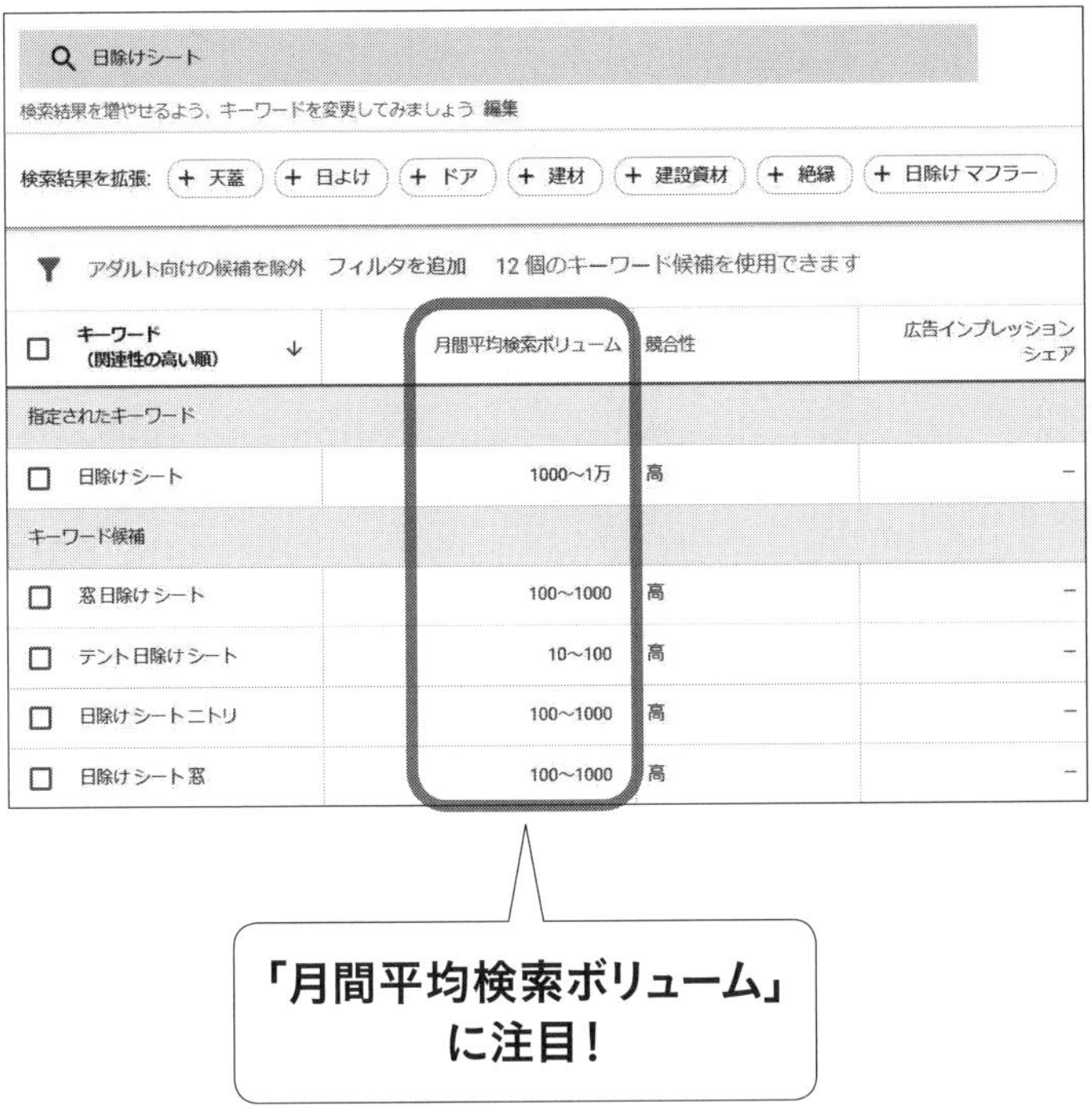

🔍 日除けシート

検索結果を増やせるよう、キーワードを変更してみましょう 編集

検索結果を拡張: (+ 天蓋) (+ 日よけ) (+ ドア) (+ 建材) (+ 建設資材) (+ 絶縁) (+ 日除けマフラー)

🔽 アダルト向けの候補を除外 フィルタを追加 12個のキーワード候補を使用できます

☐	キーワード (関連性の高い順) ↓	月間平均検索ボリューム	競合性	広告インプレッション シェア
指定されたキーワード				
☐	日除けシート	1000〜1万	高	−
キーワード候補				
☐	窓 日除けシート	100〜1000	高	−
☐	テント日除けシート	10〜100	高	−
☐	日除けシートニトリ	100〜1000	高	−
☐	日除けシート窓	100〜1000	高	−

「月間平均検索ボリューム」

コラム

広告を使って調査する

費用はかかりますが、世の中の悩みを調査するとても有効な方法がもう1つあります。

それは、広告を使って調査することです。

じつは、広告を出すと広告が表示された数である「インプレッション数」や「クリック数」からクリック率がわかります。**クリック率が高い広告は世の中の人が興味を持っている**ということになります。

つまり、あなたが商品名を悩んだり、だれをターゲットにしたらいいか迷ったりしたら、テスト的に広告を出して、クリック率を測定すればいいのです。

たとえば、あなたが女性向けの理想の体型づくりのサロンを開いて集客したいと思っているなら、

「20代女性向けの小顔矯正《きょうせい》の専用サロン」

「30代女性向けの産後のダイエット専用サロン」

「更年期以降に美しくやせるサロン」

など、さまざまなターゲットに向けた広告をいくつか出してみます。

もっともクリックされたものが、世の中が求めている人が多いジャンルであるということになります。


ネット広告については第3章でも紹介しますが、フェイスブック広告であれば、広告用の画像をCanvaという無料サービスで作成することができます。

ポイントは、**写真などを入れずに文字だけで掲載する**こと。デザイン性を持たせてしまうとそれだけでクリック率が変動するので、純粋に文字だけでデータを測定することが大事なのです。

グーグル広告やヤフー広告では、画像がなくても広告文だけを入力して広告を出すことができます。

始めるには、準備したり少し調べたりするので時間はかかりますが、本気で世

☆これで検索！
広告　画像　作成　無料

の中の調査をしたいなら挑戦する価値はあります。この方法で調査してから起業するベンチャー企業も出てきています。

なお、どちらの広告にしても、クリック先のURLは必要ですので、広告に関連したあなたのページや、ペライチを使って商品予約販売ページを簡単にでも準備しておく必要はあります。

手間とお金がかかる分、得られる情報もありますので、余力があればぜひやってみてください。

» 第3章

集客のための情報発信術

ビジネスをすぐに始めてはいけない

提供する商品・サービスが決まり、リサーチも済んでライバルとの差別化ができたら、次はなにをするべきでしょうか。

ここでついついお金をかけて商品の販売ページをつくり、ビジネスをスタートしてしまおうとする人も多いと思いますが、これは間違いです。初期費用をかけてなにか商品を製造する場合、それで失敗すると損失だけが残ってしまいますから、注意しましょう。

次にするべきことは**「情報発信」「告知」「集客」**です。これは要するに「お客さまの流人ルートをつくる」ということです。

当たり前の話ですが、いざ商品やサービスをネットで提供しようとしても、だれもあなたのことを認知してくれません。ここが、リアルのビジネスと大きく違うところです。

たとえば飲食店を町中に出店すれば、なにも告知活動をしなくても店の前を横切るお客さまの目に留まり、フラッと立ち寄ってくれて、口コミで広まる可能性があります。

しかし、**ネット上では「たまたまそのサイトに立ち寄る」ということはまずありません。**自分のお客さまになる人たちをどのようなルートで導けばいいのか、それを考えないといけないのです。

ネットビジネスにおけるお客さまの流入ルートは大きく2つです。それぞれ、紹介しましょう。

ブログやSNSから自分のサイトに導く

ブログや、フェイスブック、ツイッター、インスタグラム、ユーチューブといったSNSでまず情報を発信してフォロワーを増やし、そこから自分のサイトに誘導するやり方です。メリットはなんといっても無料でできる点です。

どのサービスで情報発信をするべきかは、商品によって変わってきます。ポイントとしては以下の3つです。

・自分が提供したい商品・サービスとの親和性が高いこと
・自分が提供したい商品・サービスをアピールしやすいこと
・自分のお客さま候補になりそうな人が使っているメディアであること

たとえば、あなたが副業としてライティングの仕事をたくさん受けたいと考えているなら、ブログやｎｏｔｅといった長文を投稿できるサービスを使い、自分が文章を書ける人間であることをアピールしたほうがいいでしょう。逆に、写真やデザインなどのセンスが勝負になるなら、インスタグラムがうってつけです。

このメディア選びについても、ライバルたちがどこで発信しているのかをリサーチするのが近道になります。

ここでも**ブルー・オーシャン（ライバルの少ない場所）を目指さず、すでにラ**

イバルたちが活動している場所を目指すべきなのです。

もちろん、こうした情報発信は1つにしぼる必要はありません。複数のメディアを相互に連携させながら、たがいにアクセスさせることが可能です。

たとえば、ブログで書いた記事のリンクをフェイスブックに貼りつけ、「フェイスブック↓ブログ」のルートをつくる。あるいは、ユーチューブの動画のリンクをツイッターでもつぶやいて「ツイッター↓ユーチューブ」のルートをつくる、といったかたちです。

これも、ライバルたちがどういうルートをつくっているのかをリサーチし、それをマネしていきましょう。そして、最終的には第4章でお伝えするメルマガやLINE公式アカウントに登録してもらうよう促しましょう。そこで販売することが、もっとも一生モノの収入源をつくりやすいからです。

ただし、こうしたブログやSNSを使う方法には、フォロワーを増やすのに時間がかかるというデメリットがあります。**着実にフォロワーを増やし、流入ルートを確立させるには1年くらいの時間がかかる**と考えましょう。

なお、**もっと手っ取り早く集客をしたいのであれば、ネット広告を出すのがオススメ**です。ネット広告のテクニックはのちほど詳述しますが、チラシを配るより早く、新聞や雑誌に広告を出すよりもはるかに安価に集客ができます。

もちろん、そうはいってもお金がかかってしまうものですし、やりかたがヘタだと成果が出ないまま広告費を損するので、その点を踏まえてやりましょう。

理想的なのは、ネット広告とＳＮＳなどを使った情報発信をどちらも並行してやることです。

自分だけの拠点ページをつくる

ＳＮＳやネット広告から最終的に人々に到達してもらいたいのは、あなたのメルマガに登録してもらうページです。

こうしたサイトのことを**「ランディングページ」**といいます。ランディングとは「上陸」という意味です。ネット販売ページなどでよく見かける、縦長のページですね。

さまざまな流入ルートからここに到達してもらい、そこからメルマガの登録や商品の購入など、あなたが起こしてほしいアクションのオファーをかけることになります。

なお、「メルマガ登録ならSNSから直接メルマガの登録フォームに飛ばせばいいじゃないか」と考える人がいるかもしれませんが、それはうまくいきません。

メールアドレスを登録してもらう、お金を支払ってもらうといった踏み込んだアクションをしてもらうには、もっとしっかりそのアクションを起こすメリットを説明する必要があるからです。

ランディングページはとても長いものが多く、さまざまな説明がされていますが、それは要するに、そうした一歩踏み込むアクションを起こすメリットを説明しているわけなのです。

とくにランディングページは、いわゆるホームページのようなメニューバーもありませんし、ほかのページへのリンクもありませんから、**「離脱されにくい」**という特徴を持っています。

ですから、ページの上から下まで読んでもらいやすく、最後に訪問者にメルマガ登録や商品販売をしっかりと促すことができます。

こうしたランディングページも、現在なら「ペライチ」などのサービスを使えば無料で作成できます。

なお、ランディングページづくりにもコツがありますが、これは文章で説明するよりも実際につくってもらったほうが早いと思います。

素人の私でも高い確率でメールアドレスを得られているランディングページのテンプレートを次ページ下のQRコードから見られるようにしたので、あなたもぜひそれを参考にして作成してみてください。

ビジネスを素人から始めてすぐに、メールアドレスを入手できるページをつくることはハードルが高いものです。

たとえ「いい情報を無料でお渡ししますので、メールアドレスを入力してくだ

☆これで検索！

ランディングページ　作成　無料

さい」とページに書いても、怪しまれてだれも入力してくれません。

登録率の目標ですが、最初は100アクセスがあって1人がメールアドレスを入力してくれたら十分といえるでしょう。

メルマガ登録だけなどの無料オファーの場合なら、うまくいけば数十%の登録率を超えることもありますが、まずは**登録率1%**を目指していきましょう。

商品販売ページづくりのくわしいコツは第4章でお伝えします。

SNSの発信は内容よりも頻度が大事

あなたが売りたい商品やコンテンツが定まり、メルマガの登録ページができたら、SNSなどでどんどん情報発信をしていきましょう。

心理学にはザイオンス効果（単純接触効果）というものがあり、見る頻度が高いとそれだけで好意を持ってもらえるとされます。いまや、フェイスブックやツ

読者限定 **ランディングページテンプレートはこちら** ▶
https://tinyurl.com/y6rrg3q7

イッターは、毎日一度は開くという人が多いです。そのとき、つねにあなたの発信が視界に入ることで、あなたが認知されファンが増えるのです。

情報発信しましょうというと「なにか役立つことを書かなければ」「おもしろいことを伝えなきゃ」「毎日違うことを発信しないと」とヘンに気構える人が多いものですが、じつは情報発信の中身は、最初はさほど問題ではありません。

正直な話をすれば、SNSの内容をそんなに真剣に見ている人はいません。

奇をてらったり、一つひとつの投稿内容についてじっくり考える必要はないのです。それよりもSNS初心者にとって大事なのは頻度です。

むしろ、早くフォロワーを増やしたいからといって過激な発言をするのは厳禁。私たちがSNSをやったりメルマガを発信したりするのは、一生のおつきあいができる人々とつながり、ファンになってもらうためです。攻撃的な発言をすればたしかに一時的に注目を集めることはできるかもしれませんが、そうして集まった人々が果たしてあなたの商品やサービスを購入したりするでしょうか。

情報発信の内容にコツがあるとすれば、**ポジティブな内容だけにする**ということでしょう。あなたが誠実な人間であるとアピールできれば、それでＯＫです。

結局、見知らぬ人にお金を出していただけるかどうかは、その人が誠実そうか、信用できそうかということが最終的な判断材料になります。

また、フォロワー数が多いからといって必ずしも収入が多いとも限りません。少ない数でもマネタイズまでの流れがしっかり構築されていれば、フォロワーが1万人以下でも月収100万円は十分達成できます。

実際、私は誠実さを大事にして集客したところ、無名だったにもかかわらず3000人以上が商品を購入してくれて、クレームは1件も来なかったという経験もあります。

先に「いいね」やコメントをする

「内容より頻度が大事」とはいっても、やはり当たりさわりのない内容ばかりつぶやいていてもなかなかフォロワーは増えません。ある程度SNSに慣れてきたら、フォロワーを増やすために、発言の内容を気にかけましょう。

具体的な発信内容はあなたがネットを通じて提供したい商品・サービスによって変わってきますが、すべての土台になるのは**「共感」**と**「メリット」**です。読んだ人に共感してもらえて、かつメリットを提供できるということです。

このあたりの具体的なテクニックは第4章の文章術のところでもくわしく述べていきます。

さて1つ、SNSを運用するときのコツがあります。それは、最初のときは自分からフォローしたり、「いいね」やコメントを積極的にやろうということです。

心理学では返報性の原理というものがあり、だれかになにかをしてもらったらつい「お返しをしなければ」という心理が働きます。自分がフォロワーを増やしたり「いいね」をもらったりしたいのであれば、まずは相手に同じことをしようということです。

とくに、同じようにネットで副業や起業などをしている人たちと仲良くなると、情報を交換したりお互いに告知に協力したりといった協力関係を築けることもよくあります。お客さま候補以外にも、ＳＮＳ運用にはメリットがあります。

また、**強力なのが「コメントをつける」という方法です。**

「いいね」やシェア（リツイートなど）は多くの人がやりますが、コメントをつけて引用する人は少ないです。

ちょっと行動のハードルは高くなりますが、やはりコメントをもらったりすればうれしいものですし、強く印象に残ります。

とくにツイッターでは相互フォローになっていない面識のない著名人やインフルエンサーでも、気軽にコメントをつけて引用できます。

失礼にならないように注意する必要はありますが、好意的な内容であれば問題になることはありませんし、そもそもそうした人たちもコメントをもらうことが多く、気にしないことが多いです。

ただし、**なんでもかんでもやたらめったらに「いいね」をすればいいわけではありません。**

あなたがどんな投稿に「いいね」を押しているかをみんなが見られることを忘れないでください。

無料オファーで感想を集めよう

ではここから、集客したお客様に対してどのようなオファーをかけていくのがいいのか、ビジネスで大事なアドバイスをお伝えしていきます。

そもそもの話ですが、普通の人はなんの実績もない人間へお金を払おうとは思いません。お金を払ってもらうというのは、とても高いハードルです。

ですから、最初のオファーでいきなりモノを売りつけるのはやめましょう。**最初は「無料モニター」を募集して、商品を無料で配ってしまうのです。**

代わりに、「商品の感想を教えてもらう」「感想は今後、自由に公開させてもらう」ということを了承してもらいます。

よくテレビの通販番組でも「使用者の感想」が出てきますよね。一見するとベタなやり方ですが、結局これが効果的なのです。

アマゾンでなにかを買うときや、食べログなどでレストランを選ぶときにも、多くの人はほかの人のレビューを参考にして意思決定します。そのための材料を集めるのです。これらの感想を商品販売のランディングページにつけ加えることで、本格的に販売をスタートしたときの購入率が大きく変わります。

もちろん、忌憚《きたん》のない批判やダメ出しをもらうことで、自分の商品・サービスを改良・改善していくこともできます。

感想をもらうときに大事なのが、**本名・住まいの都道府県・年齢・顔写真などできる限り個人情報をもらうこと**です。

こうすると感想をもらうハードルは上がってしまいますが、匿名《とくめい》の感想では公開しても信憑《しんぴょう》性に欠けてしまい、効果が薄くなってしまいます。本名と住まいの都道府県だけでもいいので、しっかり個人の感想をもらいましょう。

そのようにして、無料モニターでお礼が複数人集まってから、販売していくことでスムーズなスタートを切ることができます。

この無料オファーで大事なのは、**「価値が高いものを提供する」**ということです。無料だからといって廉価《れんか》版のような低品質なものを提供してしまうと、いい感想が来なくなります。

出し惜しみはいけません。まずは「いいものを提供している」という第三者の声を集め、それを実績としてアピールできるようにすることが大事なのです。

こうしたやり方はどのビジネスでも一般的になりつつあります。英会話などのレッスンでも1時間体験無料ということは多いですよね。無料で提供したものだけでしっかり満足してもらう必要があります。

なお、私の事業では、無料サンプルを渡しても購入してくれるのは5人に1人くらいです。全員が購入してくれるわけではないので、購入につながらなくても気を落とさないようにしましょう。

経験を重ねるとわかりますが、**同じ内容の無料サンプル提供を続けていると、購入率はだいたい一定になります。**こうなると、なにか変化を加えないとこの購入率を変えることはできません。

その場合、無料オファーの内容や、後のオファーの仕方を工夫すると変化します。いろいろと試してみて、どの無料オファーがもっとも購入につながりやすくなるか検証しましょう。

もし購入率が下がっても、以前のものに戻せば、購入率も戻ります。試す価値は非常に高いので、無料オファーもさまざまな形を実験していきましょう。

最短で結果を出すためのネット広告のキモ

すでに述べたように、ＳＮＳで告知してファンを増やすのは時間がかかりますから、その時間を短縮したいのであればネット広告を運用するのが有効です。

ネット広告にもいろいろな種類がありますが、無名でも利益を出しやすいのは**「グーグル広告」「ヤフー広告」「フェイスブック広告」**あたりでしょう。

それぞれの広告の出し方にもコツがあるのですが、こうした広告サービスはリニューアルのたびに変化してマニュアルをつくるのは困難なので、本書では広告においての基本的な考え方をお伝えします。

それぞれの広告後の具体的な広告サービス名で検索すると、いろいろな人がやり方をレクチャーしていますので、そのなかで最新のものを参考にしてください。

さて、基本的にはどの広告もアカウントをつくってクレジットカードと連携させることになります。グーグル広告ならグーグルアカウント、フェイスブック広告ならフェイスブックアカウントをつくるということです。

次に1日の上限予算を設定し、自分で決めた予算のなかで運用していきます。最初は1日500円程度で安めに設定して試してみましょう。また、広告はいつでも停止させることができるので、無理のない範囲で気軽に試してください。

広告を出して利益を出すにあたって、オススメの順番は次の通りです。

①誠実なランディングページをつくる
②ランディングページからキーワードを拾う
③多いキーワードを中心に関連する広告を複数パターン出す
④費用をかけずに反応を見る
⑤十分なデータが溜まったら最適化していく
⑥微調整してほぼ触らない

☆これで検索！

グーグル広告　作り方

①誠実なランディングページをつくる

広告でもっとも大事なのはランディングページです。このページを読んで購入するという決断を下してもらわないと、いくらクリックされても広告費がかかるばかりで結果が出ないということになります。

ランディングページづくりやセールスコピーのつくり方、文章の書き方については次の章で説明していきます。とにかく、あなたのお客さまに響く言葉がしっかり入っている魅力的なランディングページを用意してから広告を出すようにしましょう。

②ランディングページからキーワードを拾う

ランディングページがしっかりできると、その**ページのなかに広告に使えるキーワードが落ちている**ものです。たとえば情報商材を売るなら、「起業」「成功」「お金」など、ページ上に多く落ちているキーワードを拾いましょう。

③多いキーワードを中心に関連する広告を複数パターン出す

ランディングページのなかから拾ったキーワードを広告文に入れて、広告を出してみましょう。この手順を踏むことで、自然とあなたを本当に必要としているお客様にリーチする確率が格段に高くなります。

④費用をかけずに反応を見る

ネット広告の場合は成果がリアルタイムで確認できます。また、総予算のほかにクリック単価も自分で設定できるので、最初は1クリック10～20円に設定して様子を見ましょう。

クリック単価は広告サービスから推奨金額が提示されることがありますが、多くの場合、1クリック100円など高単価であることが多いです。**最初はそれに従わずに、低い金額からスタートして、1～数日かけて結果を集めてみましょう。**

ただし、あまりにもクリックされないようであれば、少しずつクリック単価を上げていったほうがいいです。

⑤十分なデータが溜まったら最適化していく

100クリック以上が集まってきたら、最適化案が表示されるようになるので、広告を最適化していきましょう。うまくいくと100～200クリックで購入されたり、メルマガ登録につながったりします。そこから売上が出て広告費を回収できれば成功といえます。

結果が出る狙い目の部分が見つかったら、今後はそこにフォーカスして金額を入れましょう。うまくいくと、これだけで自動的な収入につながっていきます。

ほかの最適化としては、効果のなかった広告は停止していくということになります。ほかには、新しく広告パターンを出してみるのもいいでしょう。

⑥微調整してほぼ触らない

最適化が十分にできたら触りすぎないようにしましょう。これには半年～1年かかるかもしれません。できることを一通りやってから変更すると、逆に売上が下がる場合があります。一度安定したシステムをつくれると、利益も毎月安定しますので、次の事業を確立していくと、どんどん収入が増えます。

理想のリストマーケティングの販売方法

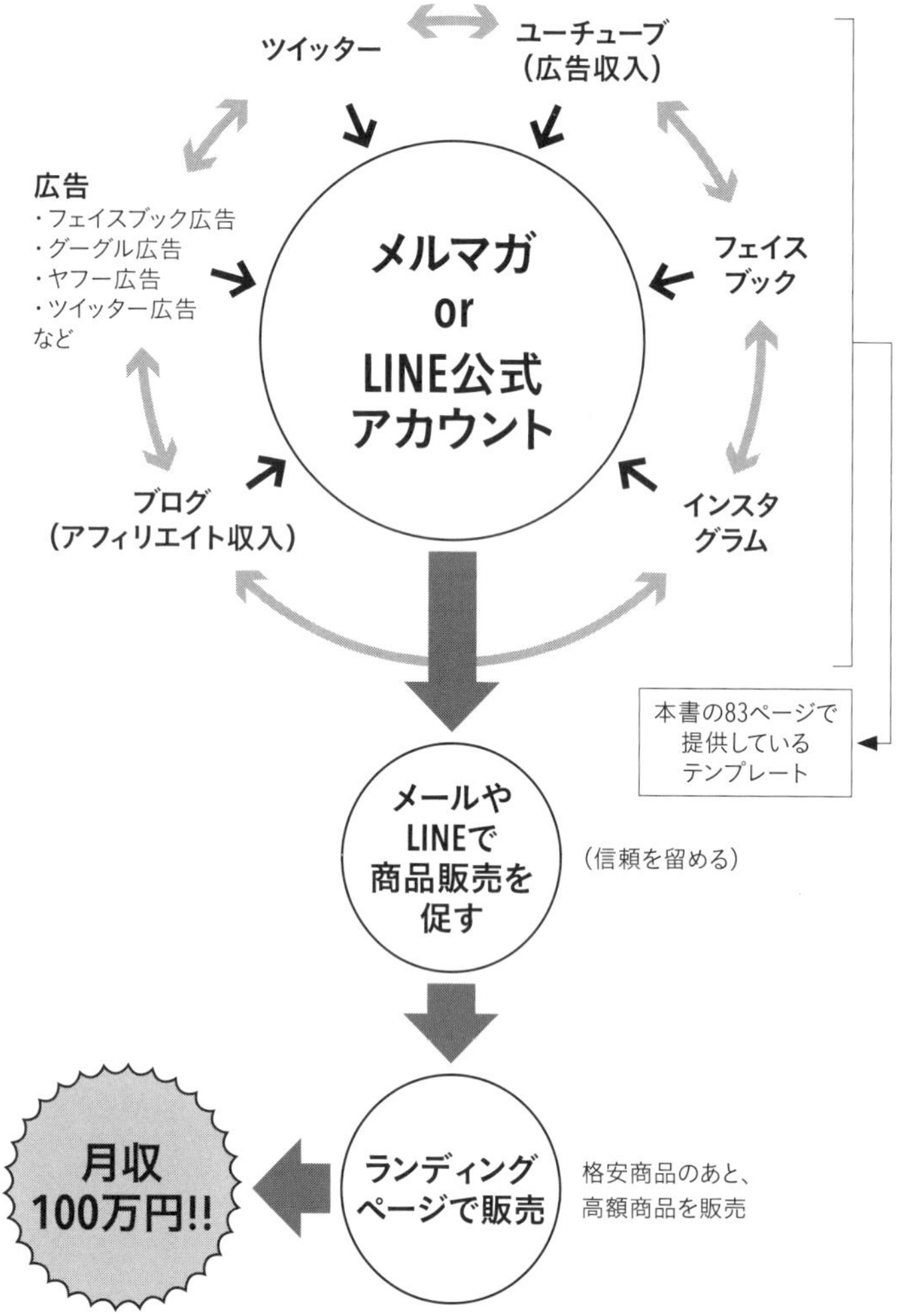

※ブログもアフィリエイトもユーチューブも、すべてはメルマガに登録してもらい、ランディングページで売るための集客方法。ユーチューブの広告収入ですらオマケです

コラム

「全額返金保証」で売上が伸びる

極めて少数ではありますが、ビジネスをしているとクレームが来ることもあります。そんなときに感情的に対処するとその後のビジネスがうまくいかなくなってしまいます。

そこで、あらかじめクレームが来ないような仕組みづくりをしつつ、クレームの対応もテンプレート化しておき、冷静に対応できるようにしましょう。

もっとも効果的なのは、**販売時に「全額返金保証」をつけておく**という方法です。これだけでトラブルの件数は一気に減ります。クレームが来た場合は、すぐに返品を頼んで返金をしてしまえばそれだけで終わります。

全額返金保証がどうしても厳しいという場合は、返品や返金ができないということをしっかり明記して販売しましょう。

現代のネットビジネスでは無料でサービスを提供することが増えているように、全額返金保証も増えています。つまり、**「売り手も買い手もノーリスクを取る時代」**になってきているのです。これはおそらく、現代日本が豊かになってきたからでしょう。リスクがない商品のほうが選ぶ理由になって人気も出やすいのです。

「返金ばかりされたらどうしよう」と心配になる人もいるでしょうが、よほど商品やサービスの質が悪いわけではない限り、全額返金保証をつけてもマイナスになることは極めて少ないです。

私の経験ですが、**全額返金率は0・1から、多くても1%程度です。**むしろ、返金保証をつけることによってかえって売上が増えることがほとんどです。

つまり、全額返金保証をつけることによって購入率が0・1〜1%でも増えるのであれば、全額返金保証をつけたほうが得だということです。

クレームが来たら嫌だなと思われるかもしれませんが、全額返金保証やあらかじめ対応を決めておくことで、スムーズに対処することができます。

売り始める前から、クレームに対するパターンを明確にしておきましょう。

» 第4章

思わず
買いたくなる
文章の極意

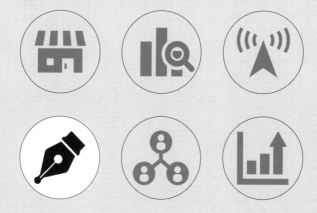

メルマガは王道にして最強の収入源

安定的に収益を得るためにもっとも大切なものはなんでしょうか。

それは**「顧客リスト」**です。江戸時代の商人も顧客台帳を大事にしました。水に濡れても消えないこんにゃくノリを使って台帳をつくり、火事があったら顧客台帳を井戸に投げて逃げたといわれています。

家や現金が火事でなくなっても、お客様のリストが載っている台帳さえ残っていれば、再び商売をして生活できたからです。

この原則は、現代でもまったく変わりません。なにかを売り出すたびに新規のお客様にゼロからアピールして苦労して販売するよりも、すでに一度自分の商品を購入している、あるいは自分のサービスを利用したことがある人にオファーしたほうが耳をかたむけてくれる可能性は高まります。

ネットビジネスにおける顧客台帳は、メルマガ会員やLINE公式アカウン

トの申込者です。

「よくあるメルマガかぁ」と思われるかもしれませんが、じつはメルマガを正しく運用できている人はほんの一握りしかいません。

企業のメルマガでよく見かけるダメな例は、「メールで毎回商品を大量に紹介する」というもの。これはあなたもウンザリして開封しないことがほとんどではないでしょうか。

しかしメルマガを正しいやり方で運用すれば、お客様は毎回のメールを楽しみにして、もっともよろこんで読んでくれる状態で商品を購入してくれます。

そして現代であれば、メルマガも無料で配信することができます。「オレンジメール」というサービスは無料で使うことができますし、LINE公式アカウントも費用はかからずはじめることができます。

そうなると気になるのが、「メルマガとLINE公式アカウントのどちらがいいか」ですが、これはどちらも一長一短あります。

メルマガは開封率が悪いですが、うまく運用すると高い購入率を叩き出すこと

☆これで検索！

メルマガ　作成　配信　無料

ができます。一方、LINE公式アカウントは既読率が高いですが、高い購入率を出すのはやや難易度が高いです。

ここで大事なことは、**どちらも売れる原理は同じ**ということ。その原理さえ知っていれば、どちらを使ってもいいでしょう。

本当に利益を出したいなら、同じ内容の配信でよいので、どちらも活用することがオススメです。

同じ顧客でも、メールのほうがいいという人もいれば、LINEのほうがいいという人もいるからです。ビジネスでは相手の好きなものに合わせて提供してあげられるほど、利益を出すことができます。

この章では、メルマガなどの文面やランディングページなどで活用できるセールスライティングのテクニックについてご紹介していきます。

1通目からいきなり商品を販売しない

メルマガやLINE公式アカウントに登録が来ていたら、自動的にサンキューメール（サンキューメッセージ）が配信されるように設定することになります。

ただ、ここでいきなりあなたの商品の販売ページに誘導するのは絶対にやめてください。

せっかくあなたからの特別な情報を楽しみにしているのに、突然商品を買わされようとするとガッカリして冷めてしまいます。

お客さまが商品を買ってくれるのは、商品の金額以上にあなたに信頼が溜まったときです。

「この人には1500円以上を払ってもいい」と思われている状態にあれば、1500円の商品を勧めると買ってもらえます。

もし、あなたが30万円を払ってもいいと思われていれば、本当に30万円でも払ってもらえます。

たとえば、災害時にあなたを命懸けで助けてくれた命の恩人が「一度切りの人生だから、夢だったお店を持ちたくて、30万円の出資者を募集しているんだ」といったら、あなたもお金を出しても惜しくないと感じるのではないでしょうか。

あなたが商品を販売するには、まず信頼を溜めることが大事です。

相手に与えてあげる価値は金額として決して目には見えませんが、メルマガを通じて十分に得をさせてあげましょう。

まずは最低5通、できれば10通は登録者の方に役立つ有用な情報を提供してください。

内容は、あなたの商品やコンテンツに関するもので登録者の人が知りたいと思っている有益な情報です。

メルマガ等に登録してくれているということは、すでにある程度の信頼関係はできてきているということです。

そのため、あなたが本当に伝えたい話をするとよく伝わります。これまでの集客フェーズでは話せなかった深い話をしていきましょう。

なお、商品の紹介をする前の段階から、一定数の解除も出てくるでしょうが、これは気にする必要はありません。

離脱者はある程度出るものですから、あまりナーバスになって原因ばかり気にする必要はありません。そういうものだと割り切ってください。残ってくれた人たちにフォーカスし、伝えたいことをどんどん伝えていきましょう。

目安として、**解除率が登録者の1%以下であれば問題ありません。**

もし解除率がそれ以上だったら、なにかしら文言に問題がある場合があるので、配信する内容を変えましょう。

わかりやすい話になっているか、共感できる話になっているか、役に立つ話になっているかを入念にチェックしてください。うまく配信できると、0・2〜0・1%以下の低い解除率も実現できます。

これらのことをしっかりやってから商品・サービスを案内しましょう。

私の事業では、新型コロナウイルスのときに既存の顧客に対して、メールで商品購入を促しました。

結果は、財布のひもが固くなっている大不況の時期にもかかわらず、メール配信後10日間で350万円以上の売上がありました。

施術業が不振になっていましたから、この売上は、不況下でも大丈夫だと大きな安心につながりました。

メルマガで紹介しただけですから広告費もかからず、利益も大きく残せました。

日頃からしっかりと信頼を溜めてオファーをすれば大きな収入になるのです。

メルマガ文章の絶対失敗しない構成

まず大前提の話をしますが、メルマガを送っても全員に最後まで読まれることはありません。

そもそも開封してもらえるかが勝負になります。

タイトルをはじめとする書き方1つで反応開封率、リンクのクリック率は大きく変わります。

よくあるのは、冒頭に自分（あるいはメルマガ執筆担当者）のプライベート情報を書くパターン。

これは大きく損をすることになります。

あなたの私生活の情報は読者にとって読むメリットがまったくないため、即座に離脱します。

だれもがみんな忙しく、心の余裕もない時代です。**メルマガの冒頭は、そのメルマガをいますぐ読むべきメリットを書くと最後まで読まれます。**

もちろんＬＩＮＥ公式アカウントも同じです。

メルマガの文章の構成はさまざまな型があります。

もちろんいろいろな型を駆使《くし》できればいいのですが、初心者であれば次のような私のオススメの構成をまずはマスターしてください。

あなたが文章の初心者でも、この通りの順番で文章を書けば説得力のある内容になります。

実例として、この順番で文章を書いてみましょう。

売上に直結する鉄板メルマガ構成案

「タイトル（短く刺激的なもの）」

①短い挨拶

②相手のメリット

③自分や他人での簡単な実例

④なぜこれが大事なのか

⑤それは何なのか

⑥それをやると未来で
どんな良いことがあるのか

⑦回答を出すまでの引き延ばし
（⑧を盛り上げるためのフック）

⑧今回の解決策

⑨解決策の説明

⑩自分や他人での実例

⑪次はあなたの番です。
今すぐやってみてください。

⑫配信解除URL

「読まれるメルマガの12構成」

こんにちは、上田祐輝です。①

これから、あなたがメルマガやLINE公式アカウントで圧倒的に読まれるようになって、商材もどんどん売れるようになる文章の順番についてお伝えしていきます。あなたが文章を書くことが苦手でも、簡単に文章を書けるようになって、一生のファンまでつくれる書き方ですので、ぜひ役立ててください。②

私は試行錯誤をしてこの順番に行き着いたおかげで、「メルマガが読みやすくて役立つ内容なので、毎回楽しみにしています」といっていただけるようになりました。③

じつは、あなたがなんとなくの順番で好きなように文章を書いても、悲しいくらいまったく読んでもらえないものです。冒頭から熱いあなたの想いを書けば書くほど、人は暑苦しく感じて離れていってしまいます。相手に伝えるには順番が大事なのです。④

じつは、昔から映画でも小説でも、人を惹きつける王道のパターンがあります。見る人が共感できる序盤の展開からはじまり、挑戦しても何度も失敗して挫折を繰り返す。そして諦めかけたときに、突然の出会いや発見があって、そこから成功しはじめる……そんな展開が好まれます。このような展開は**「ストーリーフォーミュラー」**といわれています。⑤

ですから、あなたがこの洗練されたパターンを身につけるだけで、あなたの文章は全部読まれるようになって、応援までしてもらえるようになります。そうすると、決して多い人数の登録者でなくても、商品が売れていくのです。応援されて口コミでまで広まるようになるので、事業も拡大していけます。⑥

では、その順番とは一体どのようなものなのでしょうか。今回は、あなたのために、出し惜しみせず公開したいと思います。心して聴いてくださいね。それこそが、次の順番です⑦

それは、『①短い挨拶②相手のメリット③自分や他人での実例④なぜこれが大事なのか⑤それは何なのか⑥それをやると未来でどんな良いことがあるのか⑦どうやったらいいのか（⑧を盛り上げるためのフック）⑧今回の解決策⑨解決策の説明⑩実例の数々⑪次はあなたの番です。今すぐやってみてください。⑫配信解除URL』という12の順番です。（⑧）

このポイントは根拠を入れたり数値を入れたり、具体的な方法を書いたり、すべての人にわかりやすい要素を入れていることです。世の中には、理由や科学的データが気になる人もいれば、とにかく今すぐやりたいという人もいます。そのような全員が読みやすい順番にしてあるのです。（⑨）

私はこの方法で書いているので、メールを配信したあとに、必ずといっていいほどお礼のメールが返ってきています。「このようなコンサルはいくらでさせてもらえますか？」と相手の方から仕事のお願いが来るくらいです。（⑩）

あなたもぜひ、この順番で書いてみてください。何事も練習ですので、本当に

気楽にはじめてみましょう。基本的に、配信してマイナスになることはないので気楽な気持ちで始められて大丈夫です。ぜひ身につけていって、お客さまから必要とされる人になっていきましょう。（⑪）

配信解除はこちら　○○○○○○（URL）（⑫）

いかがでしょうか？

解決策のみがポンと提示されるよりわかりやすいはずです。この順番は、どんなビジネスにも有効なので試してみてください。

なお、あなたが商品をメルマガで売るときは、⑧の解決策の部分に「商品販売ページのURLを載せる」ことになります。

メールの文章だけでは売れにくいので、必ず販売ページ（ランディングページ）をつくって、そこで販売しましょう。

以下、メルマガの文章のポイントを説明していきます。

・1行の文字数と改行のタイミング

ネットのコンテンツは、現在だと7〜8割の人がスマホ画面で閲覧します。そのため、文章はこれでもかというくらい短くしましょう。

目安としては

・1行は20文字以下

・1文は40文字以内

・1段落は4行以内

を守るようにしてください。

・接続詞を多用する

一文を短くした場合、前の文章との関係性を明確にしておいたほうがわかりやすくなります。そのために接続詞を多用しましょう。

「だから」「そのため」「そこで」「ところが」などをうまく使えば、読み進めやすい文章になります。

・**「トリガーワード」を駆使する**

淡々と商品やサービスについて説明しても、お客さまの心には響きません。意識的に使いたいのが「トリガーワード」とよばれる言葉です。たとえば**「魅力」「魔法」「興奮」「最高の」「史上初の」「まさかの」**といった形容詞を使ってみてください。

・**ウソは絶対に書かない**

これは基本中の基本ですが、いくら魅力的に見せたいといっても、ウソは絶対にいけません。とくに、「お客様の声」などは捏造《ねつぞう》しようと思えばいくらでもつくれるものですが、景品表示法（＊）に違反します。

・**メリットを具体的に書く**

商品やサービスのメリットはできるだけ具体的に書いてください。たとえば、単に「売上がアップしました」では曖昧《あいまい》ですが、**「3週間後に売上が20％アップしました」**という表現だとグッと具体的になります。

＊景品表示法　実際よりよく見せかける表示を禁止する法律

・相手の不安、疑問に先回りで答える

文章を読んでいて相手が不安に思うだろうこと、疑問に思うだろうことを想像して、それを先に文章のなかで解決してしまいましょう。とくにネット販売の場合は実際の商品やサービスを受け取る前にカードなどで決済するため、お客さまはいろいろな不安を抱くものです。

商品販売ページの9つの要素

ここからは、いよいよ商品を販売するランディングページの鉄則をお伝えします。

通常のネット販売はトップ画像からつくり込む必要がありますが、メルマガからランディングページへ飛んで購入してもらう場合、トップ画像をそこまでつくり込む必要はありません。

著者のつくった商品販売ページ

https://tinyurl.com/y2oj3ny8

メルマガで信頼や感心が高まっており、あなたの商品への興味も十分にある状態だからです。**基本的なページの構成がしっかりしていれば、それだけで購入されます。**前ページは私の実家、上田防水布店を復活させた商品「クールブレイド」の販売ページの画像です。こちらも参考にしながら読み進めてください。

ランディングページでは、次の要素を入れると非常に説得力ができます。

①トップの文言
②こんな悩みありませんか？
③あなたの現在の問題点
④それを解決する商品の紹介
⑤商品を使うメリット
⑥自分のストーリー（想い）
⑦お客様の声
⑧期間や数の限定性
⑨今すぐ購入はこちら

この順序で、上から下までランディングページができていれば、商品は売れます。この要素が入っていれば、デザインにそこまでこだわる必要もありません。

補足すると、トップの文言は「ターゲットとなる方の対象」と「商品名」を入れておきましょう。たとえば、「婚活中の20代女性向けのダイエット講座」などです。その下の文章で「太ってイジメまで受けた私が、この講座を受けはじめると……」など、スクロールしたくなるビフォーアフターをちらつかせましょう。

あとは①〜⑨を細く書いて肉づけすれば、立派な販売ページになります。

それが以外のポイントも簡潔にまとめました。

・問題点と解決された未来をわかりやすく明記

「困っている現状」と「それが解決された未来」を対比形式で並べましょう。ページ冒頭に困っている現状や問題点を具体的に書いて、ページ後半にそれが解決された理想の未来を書くのです。

ただし、繰り返しになりますが、景品表示法には気をつけてください。大げさになりすぎないようにしましょう。

・まずは訪問者の話をする

自分が提供したいモノ・サービスを販売する場合、ついつい商品名やサービス名を先に出したくなりますが、それは逆効果です。**「〜〜でお困りのあなたへ」「あなたは〜〜で悩んでいませんか」**というように、まずはそのページの訪問者が共感する言葉を投げかけ、それから自分の商品・サービスの話をしましょう。

・権威づけをする

いくら商品のよさをしっかり説明しても、自作自演では信頼できるかどうかわかりません。そこで、客観的な意見をページに盛り込めると、一気に信用度が高まります。たとえば**「販売累計〜〜本突破」「大賞受賞」「〜〜さん推薦」**といった文言ですね。

もちろん、本当に実績ゼロの状態からこれらの文言をつけ加えるのは難しいかもしれませんが、そこで役立つのが前述した**「無料のオファー」で感想を集める**という方法です。

・ビジュアル要素

文章だけでも悪くありませんが、写真やイラストなどのビジュアル要素が入っていたほうが目を引きます。商品がある場合は商品写真をできるだけキレイに撮って掲載してみましょう。

サービスの場合は、**問題が解決されたあとがイメージできるような人物写真**がベストです。自分で写真を用意してもいいですし、あるいは無料で使える著作権フリーのサイトの写真を利用しましょう。

ただし、フリー画像を使う場合、その人物に吹き出しをつけてモデルの方が商品を勧めているかのように見える使い方はＮＧです。

・トップは1枚の画像で

現在はパソコンだけでなくスマホでページに到達する人も多くいます。どちらのデバイスで見ても読みにくくないように工夫しなければいけません。

それを考えると、写真と文字をバラバラにしたものではなく、写真と文字をすべてひとまとめにした1枚の画像でトップを仕上げるのが鉄則になります。

☆これで検索！

写真　フリー　著作権　商用利用

その場合、必ず**「縦と横の比率が1対1か、わずかに縦長」**を死守してください。これがパソコンでもスマホでも見やすい比率です。

そして、商品名は必ず画像全体の3分の2より上にくるようにしてください。スクロールしなくても商品名がハッキリ読める位置に置きましょう。

・製作者・提供者の顔が見える写真を入れる

ネット上で信頼を得にくいのは、つくっている人、提供している人の顔が見えないことが大きな要因の1つです。どんな人がつくっているのかわかるだけで、安心感があります。

先の「クールブレイド」のページでも、すぐ下に実際の職人の画像を入れることで、高品質なものであることを直感的にわかってもらえるようにしています。できれば本人の写真はプロのカメラマンに撮ってもらい、明るくてさわやかな印象のものになるようにしましょう。

プロに頼むと1枚1~2万円ほどはかかりますが、一度撮影してもらえばSNSのアイコンにも使えますし、それだけの価値はあるものです。

・ほかのページへのリンクを入れない

基本的に、ランディングページには注文や見積もり、メルマガ登録など、訪問者にとってほしい行動以外のリンクをつけてはいけません。一度別のページに離脱されると、絶対にその訪問者は戻ってきません。

なお、**購入やメルマガ登録ページへ移るリンクは、クリック（またはタップ）したら別のウィンドウが開くように設定したほうがいいです。**

そうすれば、一度次の画面に進んでくれた訪問者が「やっぱりやめようかな」と画面を閉じてしまっても、前の画面が別のウィンドウに戻ることになるため、やっぱり購入や申し込みに進んでくれることがあるからです。

・問い合わせ方法は多く載せる

ランディングページの下部には問い合わせ先を掲載しましょう。その場合、電話、メールのどちらも載せたほうが親切です。FAXがあれば、FAXにも対応したほうがなおよしですね。

ちなみに、私がつくったページでお客さまがどのような方法で商品の購入に至ったのかを示す割合は次のとおりです。

- 決済ボタンから購入　……70・3%
- 電話から購入　……12・6%
- LINEから購入　……8・7%
- FAXから購入　……5・7%
- メールから購入　……1・3%
- パンフレットから購入　……1%
- 直接来店で購入　……0・4%

決済ボタン以外からの購入が30%を占めているので、決して小さい数字ではありません。とくに、メールや電話からの問い合わせの場合は高額購入されやすいという特徴もありました。機会ロスを生み出さないためにも、できるだけさまざまな問い合わせ方法に対応しておいたほうが得策です。

余談ですが、電話番号はフリーダイヤルにしたほうが、問い合わせが増えます。

電話代を自分で負担することになってしまいますが、ぜひ検討してください。

・「特定商取引法」と「プライバシーポリシー」を掲載する

商品やサービスを販売する場合、この2つは必須です。無料メルマガの場合もメールアドレスという個人情報を取得するわけですから必要になります。

「売れる文章術」はもう通用しない時代

商品やサービスをネットで販売するときの必須スキルが「セールスライティング」です。セールスライティングとは文章1つで商品の魅力を相手に伝えて行動してもらえるように書く技術です。

どれほど商品・サービスが素晴らしいものでも、伝え方がイマイチだとそれだけで買ってもらえない残念な結果になってしまいます。

☆これで検索！

プライバシーポリシー　書き方

反対に、この技術を身につけられると、紙とペンさえあればどんなものでも売上を立てられるようになります。

私もコピーライティングで商品の魅力を伝えてきて、文章1つで1億円以上の売上をつくってきました。

コピーライティングの技術が磨けると、読まれやすいページや記事も書けますし、広告もうまく回せるようになります。

ただ、こうしたコピーライティングのスキルはさまざまな本ですでに紹介されており、ネット上では多くの事業主がそうしたテクニックを多用しています。

じつは世の中の購入者の読解レベルも上がってきていて、小手先の文章のテクニックをマネしただけでは通用しなくなってきているのです。

たとえば、ほんの数年前だったら「楽してだれでも月収200万円」といった謳《うた》い文句が通用しましたが、現在はこんな文章はだれも信じてくれません。もちろん、読みやすい文章を書くという最低限のテクニックは必要ですが、本書の第1章で述べたように、本当に大切なのはHOWではないのです。

前項で文章を書く上でのコツをいくつかお伝えしましたが、大事なのはそうした最低限のテクニックを超えたものを身につけることです。

では、「テクニックを超えたもの」とはなんなのでしょうか。

本当に綺麗事のように聞こえるかもしれませんが、結局のところセールスライティングでもっとも大切なのは**「お客さまを理解する」**という姿勢です。これがない限り、どれほど文章術を身につけてもまったく成果は出ません。これが現代に即した最新のコピーライティングで超重要なことです。

あなたが文章で「買ってください」という気持ちを前面に出せば出すほど、相手は引いてしまいます。

反対に相手に寄り添いながら、よろこんでもらえるようによいものを伝えたいと書くと、自然と心をつかむことができて、売上が出てきます。

世の中には多くのテクニックが出回っていますが、相手の深い悩みを一番大事にして合わせられると、桁違いの売上を出すことができます。そして、基本的にテクニックは、あとから自然とついてくるものなのです。

正直なところ、少しくらい文章に拙《つたな》いところがあったとしても、この姿勢が読んだ人に伝われば売上につながっていくのです。

テクニックを超える文章術の3つの要素

それではここから、セールスライティングのテクニックを超えた3つの要素をお伝えします。

①相手の理解を深める

第2章でリサーチの重要性についてお伝えしましたが、これまでにあなたが行った悩みの調査でもっとも多い悩みを思い出してください。

文章では不特定多数の人に呼びかけなければならないため、相手を呼び止めるためには悩みを言い当てて振り向いてもらうことになります。

調査した相手の悩みを一言にまとめてみましょう。

「人見知りなのに営業をやらされて、毎日がストレスで夜も眠れない」

「結婚したいのに、仕事以外の時間がなくて相手が見つからない」など、**思わず自分だと思ってしまい相手が振り向いてしまう一言**をしぼり出しましょう。この一言が定まると、相手の方は理解をしてくれるあなたの話が聴きたくて仕方なくなります。

この言葉がバシッと刺さると、そこから先はあなたがなにを書いても相手の心に響くようになります。とても重要なことですので、しっかり一言を書き出してみましょう。

相手の理解を深めて出てくる一言は、究極の一言です。1ヶ月以上かけて考えてもいいくらいです。私の事業の場合は、2ヶ月間毎日考え続けて、ようやくしぼり出しました。その甲斐もあって、何万人もの人が私の書いた文章を熱心に読んでくれます。

その一言の悩みを解決してあげるために、あなたはビジネスをすることになるくらいですので、これは本当によーく考えてください。この苦労こそが、あなたの文章が圧倒的に、だれよりも読まれるようになる上で重要なのです。

②自分の強みの理解を深める

次の段階では、「世の中にたくさんいる人間のなかで、なぜ自分でないといけないのか」という強みを明確にしましょう。強みが定まると、悩みのある人にとても大きな存在になることができ、多くの人があなたの文章を懸命《けんめい》に読んでくれるようになります。

世の中には、あなた以外にも悩みを解消してくれる人が大勢います。ですから、**あなたでなければいけない理由を明確にしましょう。**そうすることで、自然と文章を書いたときに、アピールできるようになります。たとえば「商品の価格は高いけれど、品質も高くて他社製品よりも効果が長い」などです。

あなたの強みをできる限り書き出してみてください。そして、その上であなたにしかない強みをいくつも書き出してみてください。

強みを最初に明確にすることで、あとで文章にしたとき、自然と説得力のあるものが書けるようになります。**売れるための文章は相手と自分の理解の深さから生まれるのです。**文章のテクニックだけに頼ろうとはせずに、根本的な商品やあなた自身も磨くようにしていきましょう。

補足ですが、例外として使えるテクニックもあるので、1つご紹介します。

一言でしたら**商品・サービスの弱点を素直に伝える**ことで信用が高まることがあります。たとえば「効果を追究しましたので、価格は一般よりも少しだけ高くなっており、安ければなんでもいいという方には不向きの商品です」という具合です。

強みがあれば、対応しきれない弱みはどうしても出てしまいます。その場合は、一言程度だけ素直に開示するのも有用です。そうすることで、素直な販売者だと認識してもらえて、あなたの強みはより認めてもらいやすくなります。そして、本当に必要としてくれている人に購入してもらいやすくなるのです。

もちろん、あまり弱みを言いすぎると逆効果ですので、一言や一文程度にしておきましょう。

③データで分析して改善する

セールスライティングにおける文章のうまいへたを判定するのは読者であり、数字です。**日本語の文法的に間違っているところがあっても、その文章でたくさ**

ん売れたとしたら、それは「うまいセールスライティング」ということです。

文章をどう感じるかは人によって異なります。しかし数字は嘘をつきません。そしてネットのビジネスはさまざまな結果が数字ですぐに判別できる世界です。クリック率や購入率などのデータを元に、好反応だった文章の特徴を見て特化させていきましょう。

これを分析するのに役立つのが、やはり無料で使える文書分析サービスです。たとえば「Ｐｔｅｎｇｉｎｅ（ピーティーエンジン）」という解析サービスを販売ページに入れると、どの文章が読まれているかが無料でわかるようになります。サーモグラフィーのように、読まれている文章は赤く、読まれていない文章は青く表示されるのです。

このようなサービスを利用することで、あなたが自分の文章を解析して経験値を積むことができます。

文章は基本的に、書けば書くほどうまくなります。毎日５分でもいいので、文章を書くことを継続するようにしましょう。

☆これで検索！

文章　ヒートマップ　解析

動画で説明する場合も文章力が活きてくる

文字でいくら上手に説明しても伝えにくいものがあります。そのような事柄は動画にして伝えたほうがいいかもしれません。

たとえば洋服を売るときに「撥水性《はっすい》が高いです」と書かれているよりも、服に水をかけて全部はじいている動画が1つあったほうが圧倒的に伝わりますよね。

現在はユーチューブに簡単・無料で動画がアップロードできますし、5G（＊）時代にもなっているので、動画でメッセージを伝えるのは効果的です。ここぞというときに動画のメッセージを入れ、成約率を上げていきましょう。

動画でプロモーションをする場合も、基本的にコピーライティングのスキルが活きてきます。

＊**5G**　5Gは「5th Generation（第5世代移動通信システム）」の略称で、次世代の通信規格です。「高速・大容量」「安定した接続」「多数同時接続」が可能とされています。

動画を使うにしても、商品やサービスの魅力を伝えるのは音声やテロップなど、最終的には言葉であることに変わりはありません。そのため、うまい文章が書けるとそのまま話すだけで魅力的なトークができるようになります。

もちろん、動画で話をする場合は文章にはない微妙なニュアンスや、熱の入り方、声の強弱、ジェスチャーなどのコツもあります。これについてはネット上でいろいろな解説があるので、ぜひ調べてみてください。

なお、**動画を用いる場合は販売者が顔出しするのがオススメです。** 顔出しすると、見た人が親近感を抱きやすくなるので、より高い信頼を獲得したい場合は動画のメッセージを準備しましょう。

信頼は消費されるものである

ここは必ず覚えておいてほしいところですが、**お客さまに商品やサービスを買**

☆これで検索！

動画　話し方　コツ

ってもらうということは、あなたがいままで構築した信頼の一部を消費するということです。

つまり、どんなに信頼があっても、何度もお願いをすると少しずつ信頼が少なくなって、そのうち底をついてしまい、最後は行動してもらえなくなるということです。

そのため、たとえ一度信頼を構築できたとしても、マネタイズしたあとは必ず信頼は回復する必要があるのです。再び有用な情報をお客さまに提供し、信頼を高めていきましょう。

そうしていくうちに、定期的に商品購入を促しても買ってもらえるようになります。メルマガ配信でしたら、再び10通以上にかけて有益な情報を提供していきましょう。

なお、より信頼を高めていくには、**あなたの発言と行動に一貫性を持たせる**ことが大事です。

たとえば、あなたの知人が「お金よりも人柄が大事なんです」といいながら、お金持ちの人としか付き合っていなかったのでは信頼できないでしょう。メルマガで配信する内容は、あなたが日々心がけていて生活で実践している内容にしましょう。そうすると、自然と発言と行動がそろってきます。

一生かけて信頼を高めるつもりで、継続していくことが大事です。

口コミが広がるたった1つの方法

ネットでモノやサービスを提供するときに「口コミ」で広がることが重要であることは、多くの人が理解していると思います。

しかし、口コミとはなんなのでしょうか？　人間はどんなものであればほかの人にその商品やサービスを紹介したくなるのでしょうか。

口コミというのは、平たくいうと**「金額以上の価値を受け取ったことに対する埋め合わせ行為」**です。

世の中のどんな商品・サービスにも相場感覚がある程度決まっていて、「これくらいの値段ならこれくらいの内容だろう」と多くの人が無意識のうちに思っている水準があります。

お金をいただく以上、その期待の水準を上回ることは当たり前ですが、その水準をはるかに超える商品・サービスが提供できたとき、お客様は「感動」を覚えます。

感動したお客様は金額を超えて受け取った価値をなにか別の行動で埋めたくなるのです。これが口コミの正体です。

商品やサービスに期待する水準は人それぞれですが、私の経験上、それほど差はありません。

つまり、1人の人が口コミをしてくれた場合、その口コミから購入した人もまた、同じように感動してほかの人に広めたくなる傾向が強いのです。

この連鎖反応が起こると、あなたの商品はあなたが積極的にプロモーションをしなくてもどんどん売れるようになります。

広告費をかけなくても商品が認知されていくようになります。

これこそがビジネスとして理想の状態です。

ですから、「この金額だからこれくらいの品質・サービスで十分だろう」と考えるのではなく、つねに金額を超えた価値を意識し、どうすればお客様に感動を提供することができるかを考えましょう。

素人が最速で月収100万円を突破する方法

さて、ここまでお伝えした内容を実践すれば「月収100万円」に到達できますが、1〜2ヶ月程度の短期間で実現するのは至難の技です。たとえば2万円の利益が出る商品を販売しても、月50個以上も売れなければなりません。この状態まで到達するには、経験がある人でも半年〜1年ほどかかります。

そこで、ここでは**素人の方でも最短で大きな金額の収入を手に入れられるノウハウ**をお伝えします。ポイントは2つあります。

・超低額商品を提供する

あなたが最初にぶち当たる壁は、まず間違いなく「集客」です。その集客の壁を突破するのが、買ったほうが絶対的にお得な「超低額商品の提供」です。

これを1つ用意するだけで、世の中の人はあなたの商品に飛びついてくれるようになります。たとえば、1万円の価値があるものを1000円ほどで販売してしまうのです。

そんなことをすると損をするのではないかと思われるかもしれませんが、1000円で1万円の価値を受け取った人は感動します。そして効果を実感すると、あなたのことをさらに信頼し、ファンになってくれるのです。これによって、最初の集客の苦労を突破することができます。ここでは利益率などはまったく度外視しましょう。

・高額商品を提供する

超低額商品を販売したら、次に高額商品をオファーします。高額商品はあなたがビジネスを通じてもっともお客さまに伝えたいものです。超低額商品やメルマガだけでは決して伝えきらなかった内容です。そして、「これが売れれば利益が出る！」という金額に設定しましょう。

高額商品の例では、「素人でもプログラマーとして生計を立てる方法」「セラピストが独立開業する方法」「3ヶ月間のマンツーマンのダイエット講座」などです。これらの高額商品を30万円に設定して月に4つ売れれば、売上120万円となり、経費を引いても100万円程度は残すことができます。

そんなに利益が多く出るなんてぼったくりじゃないか……と思われるかもしれませんが、あなたはそれ以前の段階でSNSの集客からメルマガの配信まで労力をかけて、すべて無料で有益な情報を何百～何千人以上の人に流しているのです。そこでつくったファンが支払ってくれるお金はしっかりと受け取っても大丈夫なのです。このあたりのメンタルは、第6章でくわしく述べます。

反対に、ここのオファーまで親切心で安く設定している人もいますが、そういう人は結局大損し、ビジネス自体がつぶれてしまいます。ビジネスを継続できないのは世の中に価値を提供できなくなることを意味しますから、**ちゃんとビジネスを継続できるだけの利益を受け取ることは世の中のためになる**と覚えておきましょう。

また、高額商品でも金額以上の価値を提供できれば、購入者によろこんでもらえます。30万円の商品で１００万円以上の価値を提供するように工夫するのです。

たとえば、プログラマーでも生計を立てる方法を教えるなら、最後に仕事を3つくらい紹介します。本来、方法だけ教えればいいわけですが、アフターフォローまで万全なわけです。

以上の流れをまとめると、

- 無料メルマガで信頼を溜める
- 超低額商品をオファーして販売する
- そこで成功体験をしてもらって信頼をさらに高めて、超低額商品の購入者に追加のメールで高額商品をオファーする

となります。もちろん高額商品には全額返金保証をつけましょう。どの段階でもお客さまにしっかり得してもらうことで、ビジネスとして成り立ちます。

コラム

高いほうが売れる？

この章では「価格」「期待」「感動」という話をしましたが、ここで自分が提供する商品・サービスに対してどうやって値段を決めればいいのかということについて、方針を説明しましょう。

基本的に、どんな商品・サービスにも「一番売れる金額」というのが存在します。

安ければいいというわけではありません。むしろ、同じ商品でも価格を高くしたほうが売れる場合があるのです。

ネットでビジネスをする場合の利点には、自分で自由に価格を決定できること、そしてその価格を柔軟に変更できることがあります。

価格もテストしてみて、どの価格のときがもっとも売れゆきがいいか試しましょう。

　といっても、コロコロとすぐ値段が変わるのもダメです。値づけ、値段変更にはコツがあります。

　ポイントは**「最初は安く、あとから高くする」**ということ。

　最初に高く販売して、あとあと安くすると、最初に購入した人が不満を持ってしまいますし、「人気がないから値下げしたのかな」とネガティブに受け取られてしまいます。

　余裕があれば、少しずつ価格を上げていって、売れゆきが下がってしまうポイントまで試してみましょう。そして、価格が定まればその金額をさらに超えるものを渡しましょう。

　それだけであなたは月日とともに収入も増えていって、生活を豊かにしていくことができます。

» 第5章

有力者とつながる テクニック

ビジネスの成功法則は「他人に頼る」こと

いざネットビジネスをスタートしても、最初からすべてスムーズにいくケースはまれです。「自分の商品がどうしても売れない」「なかなか売上が増えない」といった壁には、だれでも一度は当たるものです。

この場合、試行錯誤を繰り返すことで解決できる場合もありますが、じつは、なにをしても解決できないことがあるのも事実です。

そんなときにオススメなのが**「成功している人に答えを聞いてしまう」**ということです。

ビジネスは学校のテストではありませんから、正解がわからなければ、それを知っている人に聞いてしまえばいいのです。いつまでも1人で考えて悩むより、答えを知っている人に教えてもらうほうが圧倒的に早く解決します。

スポーツ選手や経営者も、すぐれた結果を出す人は、答えを熟知している人から直接教えてもらっています。

スポーツ選手でしたら、過去にオリンピックに出場した人からコーチングや指導を受けて、同じようにオリンピック選手になっていきます。

ビジネスでも、すでに成功している経営者や事業主からコツを教えてもらい、同じように成功していく人がきわめて多いです。ですから、成功している人に答えを聞くのは、ビジネスを成功させる基本といえるでしょう。

メンターではなくベンチマークを見つけよう

あなたが世界を一変させる斬新な取り組みをしているわけではないかぎり、あなたがやっている（やりたい）ビジネスを成功させて理想の生活を送っている人は世の中に必ず存在します。

たとえ世界初のことでも、類似の成功者はいるものです。そうした人たちを見つけましょう。

本書では、このようにあなたの成功の指標となる人を、「ベンチマーク」と呼びます。

ベンチマークは師匠（メンター）のようなものですが、師匠をもつと弟子としてやらなければならない義務ができたり、多くの時間を一緒に過ごさないといけなくなったりするなど、自分の行動にいろいろな制限も出てきがちです。

一方で、**ベンチマークはそこまで相手にコミットするわけではない、もっとゆるやかなつながりです。**適度に教えてもらいながら負担のない範囲でお返しをするという存在です。

じつは、このような関係を持つ人たちはここ最近増えています。

オンライン化が進み、ＳＮＳの普及もしていることにより、指標となる人の情報を手軽に受け取れて、年に一度会う程度でも大きな結果を出せるようになってきたのです。

専業として1つの仕事にフルコミットするなら、その人のいうことをすべて聞くくらいの師匠を持つことは大事かもしれません。

ただ、副業（複業）や収入口を増やすくらいの姿勢であれば、もう少しラフな状態で、お互いによい関係を保ちながら、他力にも頼るようにしましょう。

できる人にしか相談してはいけない

なにか人に相談するとき、多くの人がついついやってしまうのが「身近な人」「仲がいい人」に相談するというものです。

ただの楽しいおしゃべりならそれでもいいかもしれませんが、具体的なアドバイスを欲している場合、本当にそうした人たちが相談相手として適しているとは、残念ながら限りません。

基本的に、相談を受けた人は「私だったらこうする」ということ以外は言えません。だれも自分が経験していないことで具体的なアドバイスなんてできないのです。

つまり、ネットのビジネスをやったことがない人に相談をしても、価値のある返答は期待できません。

相談をする相手を探すときの絶対条件は、あなたの問題の解決方法を知っている人に相談するということです。

それともう1つ、いろいろな相手に相談するのもやめましょう。

コーチングの世界では、助言者の数が少ないほうが人は伸びるということがわかっています。

どんなに素晴らしいプロからのアドバイスでも、言われれば言われるほど、頭が混乱して本来の力が出せなくなるのです。

同じ問題でも、人によって解決策・アドバイスの内容は変わります。いろいろな意見を聞けば聞くほど混乱して、なにをどうすればいいのかわからなくなってしまうものなのです。

ですから、あなたがビジネスでどんなに調べたり試したりしてもわからないことがあって、どうしても相談をするときは「この人みたいになりたい」というベンチマークとなる人に優先的に相談しましょう。

もちろん、最終的にはあなた自身の判断にはなりますが、「まずはこの人に聞いてみたい」という人を見つけてください。

ベンチマークとなる人はどこで見つかるか？

ベンチマークを見つけて味方につける方法は、いくつかあります。

もっとも簡単な方法は、素晴らしい本を書いた著者の講演会に参加してみることです。

本を出している人が持っている内容は、出版社も認めているということですので、一定の保証があります。

その著者の講演会やイベントに参加して、直接名前を覚えてもらいましょう。質問の時間があれば、人一倍多く質問をしましょう。

質問の中身よりも、回数や熱意が大事です。主催者側は質問がくるとうれしいものですし、何度も発言の機会を与えてもらえれば、それだけであなたの顔を覚えてもらうことができます。そういう細かいところで差が出るものです。

懇親会があれば、必ず参加しましょう。講演会やイベントは、むしろ懇親会のほうが本番です。そこで一言でもいいので著者と話をして、あなたの名刺をわたしましょう。それだけで一度は面識があるということになり、今後のアプローチで大きな結果につなげることができます。

ほかの方法として、インターネットで情報発信をしている成功者を見つけるやり方もあります。最近は多くの人がフェイスブックやツイッターなどのアカウントを運用しているので、「この人みたいになりたい」という人がいれば、まずはフォローすることから始めましょう。

フェイスブックであれば、友達リクエストを送ると同時になぜその人と友だち

になりたいのかというメッセージをつければ、著名人でも意外と承諾されやすくなります。

メッセージの内容としては、素直に気になったということと「ご活動も応援させていただきたいので、申請を送らせていただきました」と伝えれば、つながれることも多々あります。

このときの注意点として、あなたのSNSアカウントは顔写真のプロフィールにして、詳細なプロフィールもしっかり書きましょう。当たり前の話ですが、どこのだれかわからない匿名アカウントと知り合いになりたい人なんていません。怪しまれた時点で、承諾率は低くなります。

また、**世の中には知名度にはこだわっていなかったり、有名になることを避けるため、ネット上では無名でも、じつは大きな成功を収めている人がけっこういます。**とくに舞台裏でオーナーをしているフィクサータイプの人は、SNSをやっていない人も多いです。

ですから、あなたの友人知人などを通じて、すごいと思う人を紹介してもらうのがじつは役立つこともあります。「そんな知り合いはいない」と感じてしまう人もいるかもしれませんが、世の中には「6次の隔《へだ》たり」という理論があります。これはアメリカの心理学者スタンレー・ミルグラムが行った実験によるものなのですが、人は平均5～6人を介せばだれとでもつながるというものです。

最近はネットの発達により、もっと少ない数であるといわれています。2011年の時点では、フェイスブックで「平均4・74人」を介せば世界中の人とつながっているということが公表されています。

つまり、**身近な人をたどっていくだけで、あなたはあなたが会いたい人に出会えるはず**なのです。

意外な人が、意外な人と接点を持っているのはよくあることです。身近な人にもあなたの理想とする生活をしている人がいないか聞いてみましょう。そうしていくうちに、あるとき、すばらしい人に出会えるものです。

なお、気をつけてほしいのは、実際はさほど実績を出していないのに、実績を出しているように見せかけている人に引っかからないようにすることです。なかにはそういう人もいるので、注意深く選びましょう。

見分けるポイントとしては、**数字をともなった具体的な実績を公表していたり、顔出しや会社の住所などまで個人情報をしっかり出している人を選ぶ**ことがオススメです。

ビジネスは一度で成功することが少ないように、最高のベンチマークとも一度で出会えるとは限りません。相性もありますので、複数の人に会いながら、この人だと思う人を見つけましょう。

会いたい人に会うためにするべきこと

ベンチマークを見つけたら、個人的に会うオファーを出していきましょう。

先ほどはフェイスブックで友達申請をする場合のコツを少し紹介しましたが、ネット上だけで攻めるより、リアルも攻めたほうが効果的です。

実際、ネットをうまく使っている人は、リアルな部分も押さえています。**ネット会社の多くは、リアルな人脈を大事にしながら事業拡大をしている**ことからもそれは明確です。もし、ベンチマークの人にあなたの商品を一度でも紹介してもらうことができたら、それだけであなたの商品が売れることにもなります。

オファーを出すにあたってまず大事なことは、信頼を得ることです。これは人にものを売るときとまったく一緒ですね。

あなたの存在を認識してもらったあとは、信頼が大事になってきます。つながりができたからといって、いきなり個人的に会おうとするのは難易度が高いのでやめておいたほうが無難です。

まずSNSであれば「いいね」をしたりコメントをしたりして、悪い人ではありませんよということをアピールしましょう。好意的な返事が来るようになれば、タイミングを見て直接会えないか聞いたり、お金を払ってでも相談したいと伝えたりして話をするチャンスをつかみましょう。

1人で何百時間もかけて悩むくらいでしたら、人生を変える1時間に1万円程度であれば、払う価値はあるものです。

また、ベンチマークとなる人を知り合いから直接紹介してもらう場合は、フォローや「いいね」をして信頼を得ないまま会って問題ない場合が多いです。これは「人の信頼は移る」という性質があるからです。

あなたの知人がベンチマークから得ている信頼が、紹介してもらったときにあなたに移るのです。あなたも信頼している友人が連れてきた人は、初対面でもある程度信頼できるという経験はあるのではないでしょうか。

そのようなことから、知り合いを通じて紹介してもらえる場合は、信頼がたまった状態からスタートできるという大きな利点があります。

会う前の情報収集は必須

あなたがベンチマークとなる人に会うことができたときにさらなる信頼を勝ち

取り、ベンチマーク関係を築けるかどうかは、事前に相手について情報収集して共感できているかで決まります。

人は自分に興味を持ってもらっているとうれしいものです。相手のことを徹底的に調べ尽くし、共感した状態で会えれば、それだけで話がうまくいきます。

具体的にどんなことを調べればいいのか。まず、**相手が日ごろから一番人に伝えたいと思っていることは確実に押さえておきましょう。**本を出している人に会うのであれば、著書を読み込むのは必須です。本のなかで、その人が本当に伝えたいコアの部分はどこなのかを自分なりに分析しましょう。そのような分析力は販売時にも役立ちます。

SNSで情報発信をしているのであれば、できる限り過去の発信・発言をチェックしましょう。過去1年分くらいは押さえておきたいものです。あなたがくわしく押さえれば押さえるほど、話がスムーズに進む可能性も高くなります。

それだけで絶対に大丈夫というわけではありませんが、このような事前の準備をしっかりしているか否かで、あなた自身の心の余裕が変わってきます。多くの人は緊張してしまうと思いますが、緊張は準備不足が原因のことがほとんどです。

「これ以上できることがないくらい自分は準備をした」という気持ちになれれば、あとはダメ元精神で、いつもどおりリラックスして会えるはずです。

私の知人にも、海外で医療従事者として活躍したいと話していた人がいました。そして、同じことをすでに実現していた講師の人のセミナーを受けたときに、事前に講師の情報収集をしたうえに、手紙まで用意していて渡していました。

彼は、その後も個人的に話す時間を用意してもらえて、親身になってもらうことができました。結果、夢だった海外で医療の勉強をすることができ、充実した日々を過ごしています。

事前の情報収集はこれくらい大きいものです。

有力者に気に入られる秘密の方法

もう1つ、ベンチマークと会ったときに、気に入ってもらえる方法があります。

じつは、第2章で伝えた「世の中の悩みの調査が大事」だというのと同じで、ベンチマークの人にも人にはいえない悩みが必ずあります。

ベンチマークとなる人は、一見すると成功しているように映るので、悩みはだれにも心配されることがありませんし、成功者の体質として悩みを見せることもありません。

しかし、そうはいっても1人の人間ですから、じつはひそかに不安や悩み、心配事、困っていることを抱えているものなのです。

そこで、**ベンチマークの悩みを見抜くようにするクセを身につけましょう。**

もちろん、相手にもプライドがありますから、会っていきなり「こんなことで困っていませんか？」などとたずねるのはご法度《はっと》ですし、話の流れによってはそうした話題にならないこともよくありますが、「自分の力を使ってなにかこの人の問題を解決できないか」という姿勢があるかないかは、相手にそれとなく伝わるものです。

もし、自然な話の流れに従って「それでしたら、私が～～でご協力できるかもしれません」という提案ができれば、ただ話をする以上の便益（ベネフィット）

を相手にもたらし、お返しをしてもらうことも可能になってきます。

悩みを見抜くために、オススメのワークがあります。

ベンチマークとなる人の立場になったときの悩みを想像して、できる限り多く紙に書き出してみてください。「なんだそんなことか」と思われるかもしれませんが、こういう基本的なことをみんなやっていないからこそ、マジメにやった人が差をつけられるのです。

たとえば、本を出している人であれば「売れなかったらどうしよう」「ねたまれて嫌がらせを受けるのが怖い」「読者に本当に共感してもらえているのかわからない」などです。

書けるだけ書きまくりましょう。この作業をすることで、共感能力が高まった状態で会えるので、自然と話が合うようになります。

そして、悩んでいそうなことがわかったり、いろいろな会話にも柔軟に対応できるようになったりします。

私も仕事で芸能人に会う機会がありましたが、すべてこの事前準備をしてきたことにより、スムーズに仕事をすることができています。

また、出版するにあたっては、出版社の悩みはかなり想像して調査もしてきました。その甲斐《かい》もあり、いまでは複数の出版社から執筆のお声がけをいただけるようになりました。

人と会ってうまく関係を構築したいときには、事前の準備がすべてです。

この方法はとても有効ですので、ぜひベンチマークとなる人の悩みを考えてあげましょう。

相手にもメリットのある提案をする

ベンチマークに直接会えても、いきなりあなたがアドバイスや協力を得られるとは期待しないようにしましょう。

これもビジネスと同じで、信頼が得られた分しか受け取ることはできないのです。最初はある程度の相談ができて、いい印象が残せたらそれでOKくらいの気持ちで十分です。

私がオススメするのは、**「インタビュー記事を書くのでメルマガで紹介させてください」と頼んで会うきっかけをつくる**ことです。

ベンチマークの人の伝えたいことを記事にしてあなたが発信するとなると、ベンチマークの人にもメリットが出ますので、とても話しやすくなります。相手にもなにかしらメリットのある話をするのが鉄則です。

なにを聞けばいいかというと、第4章のメルマガの12構成を意識して、その構成を埋めて1通書けるくらいの内容です。

そして、直接会った後はあなたのメルマガやブログなどで、その内容をシェアしましょう。それだけであなたがベンチマークとなる人にもメリットを与えられたことになります。

さらに、あなたのブログで紹介したりSNSで写真を投稿したりして、素敵な人でしたと紹介して、評判を上げてあげましょう。

そうしていくことで、次もまた会いやすくなります（ただし、一緒に写っている写真をアップする場合は必ず相手の許諾をとりましょう）。

「やりたい人」より「やっている人」に応援は集まる

さて、ファーストインプレッションがうまくいったあと、次にあなたは自分のビジネスについて紹介することになると思います。

ここで質問ですが、あなたは「自分の好きな事業を、これからやりたいんです」という人と「自分の好きな事業を、やりはじめたんです」という人のどちらを応援したくなるでしょうか？

前者はまだ存在しないもの、やっていないことなので、物理的に応援してあげることが不可能です。しかし後者は、店舗としてお店があったり商品が実在していたりするわけですから、実際にお店に行ったり商品を購入したりと、行動で応援することができます。

つまり、**他者から応援されるのは「やりたい」といっている人ではなく、「や**

っています」という人なのです。ですから、あなたがベンチマークの人に会ったときも、「これからやりたいんです」というよりも、「今はこれをはじめたんです」というほうが、具体的なアドバイスをもらえたり応援をしてもらえたりする確率は極めて高くなります。

たとえば、メルマガだったら1通だけ書いてみたり、登録者を2~3人でも集めたりして、駆け出しの状態でもよいので形としてなにか存在させた状態で会いましょう。それだけで、話が具体的になります。もしかすると紹介などの後押しをしてもらえて、一気に伸びるかもしれません。

相手になにか相談したいときも、「どうしたらお金持ちになれますか」という漠然とした質問では、どんなにすごい人も答えようがありません。

しかし、

「不登校のお子さんがいて悩んでいる親御さんに向けたメルマガで、コーチングについて配信しています。10通配信して最終的に自分の経験をまとめたコーチングの冊子を販売したいのですが、どうしたら1年以内に月100万円以上の収入をつくれるでしょうか?」

と質問したほうが、具体的なアドバイスを受けられます。

あいまいな状態ではあいまいな回答しか得られませんが、具体的なかたちがある状態だと具体的な回答がもらえるのです。

完成度が低くてもいいので、具体的になにかを形にして、ベンチマークと会うようにしましょう。

ベンチマークと定期的に会って自分のモチベーションを高めよう

ビジネスの成功原理は、オンラインでもオフラインでも同じです。

あなたがメルマガで信頼を与え続けることと同様に、ベンチマークの方とも定期的に会って、信頼を得られ続けるようにしましょう。

一度ベンチマークとして会ってくれた方は、あなたがよい報告を持って来てくれるのを楽しみにしています。想像以上の報告ができるように行動しながら、1年に一度くらいでもいいので話をしましょう。

ベンチマークに定期的に会うのは、あなたのモチベーションを保つことにおいても重要です。

人間はだれもが仕事や家庭の環境に流され、モチベーションが下がってしまうことがあるため、**よい影響を与えてくれる人とは定期的に会って、あなたのビジネスを貫いていく**ことが大事です。

もう少しモチベーションの話をしますが、**ネットでビジネスを始める場合、とにかく最初の売上をつくるまでが一番大変です。**

インターネットの性質上、一度売上が出始めると大きな収入をつくれますが、売れ始めるまではそれなりの労力が必要です。

10万円の売上を50万円にするより、売上ゼロ円の状態から1万円の売上をつくるほうがよっぽど大変なのです。

会社でサラリーマンをしていたりパートをしていたりすると自動的に一定の金

額が受け取れますが、**たとえ副業でも自分でビジネスをするとなると、時間と収入の関係はまったく変わります。**

最初は時間をかけても売上ができず、費用対効果でいえばマイナスの状態です。しかし、売上が出始めると時間や労力をかけなくても勝手に収入が増えていくということが起きます。

メルマガの登録ページをつくったり、メールを配信したり、集客したりしていく上で、時間が経つうちに「本当にうまくいくのかな?」と心配になることはよくあります。

だからこそ、成功した人と会って、そこで得られるパワーを大事にしましょう。

コラム

自身もベンチマークになって成長する

人はインプットだけでは成長できないものです。うまく売上をつくって収入を増やせたら、アウトプットをしてあなた自身もだれかのベンチマークとして活躍できるように意識しましょう。

とにかくお金は視点が高い人のところに集まります。「自分がどうしたらお金持ちになれるか」と考えるよりも「世の中がどうしたら豊かになるか」と考えるほうが、ビジネスのアイディアもどんどん浮かぶものです。

そのようなことからも、あなたがベンチマークになる、あるいはなろうとする意識は重要です。他人がどうしたら伸びるのかを考えたり、どういう人が伸びるのかを見極めたりすることで、あなた自身も伸びる方法がわかってきます。

また、あなたの元に集まってくれた人が成功してその人たちに影響力がつくと、あなたもその影響力の一部を扱えることになります。

たとえば、あなたがコーチングについて教えていて、あなたの元に集まってくれた人が、スポーツの場面や教育の場面で活躍をしてくれたなら、あなたはスポーツや教育の分野での人脈も潜在的に手にしたことになります。

ちょっと語弊《ごへい》がある言い方かもしれませんが、育てた人たちに恩を売ることにもなっているので、あなたが困ったときにはお返しとして人脈も紹介してもらえることになります。

1人で影響力を持って豊かになろうとするといくら時間があっても足りなくなってしまいますが、みんなで影響力を持ち、高め合っていこうとすると、次元の違うレベルで豊かな人脈を持てるようになります。最後に豊かになるのは、1人で孤独にがんばり続けた人ではなく、人を助け、育てた人なのです。

あなた自身の成長のためにも、世の中のためにも、よりよい影響力を持っていくためにも、あなた自身が最終的にはベンチマークとなる意識を忘れないようにしましょう。

» 第6章

稼げる人になるライフハック

「だれから買うか」が重視される時代

現代は、本だけでも1年に7万5000点以上が出版されており、1日に換算すると200冊以上の本が出ています。

さらに、テレビや新聞だけではなく、個人が発信するブログやユーチューブなどもあり、情報の量は爆発的に増え続けています。どんな速読術を身につけたとしても、すべての情報を集めることはもはや不可能な時代です。

あふれているのは情報だけではありません。モノの豊かさにおいても、国内総生産の推移は1992年ごろから横ばい状態が続いています。

つまり、現在は「情報もモノもあふれている状態」です。こんな時代だからこそ、単純にモノや情報だけを提供しても、ほかのライバルと大きな差をつけることは困難になってきています。

では、最後にライバルと決定的に差をつけるものはなんなのでしょうか。

ちょっと陳腐《ちんぷ》な言い方になってしまいますが、「豊かな心」です。言い方を換えると、**現代では「なにを買うか」ではなく「だれから買うのか」が購買行動の意思決定において大きなウェイトを占める時代**になっているということです。

たとえば、あなたが生命保険に入るなら、あなたの命を本当に大事に思ってくれる営業マンの会社で加入したいと思うはずです。同じ商品を買うにあたっても、「この人から買いたい」と思われるだけで、成約率は大きく上がります。

このコモディティ化（差別化の喪失《そうしつ》）の傾向は、インターネットの世界で顕著です。あらゆるフィールドで競争が激化しています。商品やサービスがコモディティ化すると、起こるのは価格の低下です。

内容が同じである以上、一番簡単にウリにできるのが価格しかなくなってしまうのです。ネット上のさまざまなサービスにおいて無料で試せる範囲が増えていることがそれを示しています。

これは結局、だれでも新規にビジネスに参入できるようになったからです。一昔前なら、新たにビジネスをスタートできるのは資金力がある人だけでしたが、現代は中学生だろうが主婦だろうが、どんな人でも元手ゼロ円のビジネスを始められます。実際、いまは小学生のユーチューバーも出てきています。

ある意味ではフェアな環境であるという言い方もできますが、それだけ激しい競争がそこかしこで繰り広げられているということにほかなりません。

インターネットでビジネスをするに当たっては、これまでの章でお伝えしてきた内容を実践して高品質のモノやサービスを人々に提供するのはもちろん大切です。ただ、**最後の最後に差がつくのは、出会った人が思わず「あなたから買いたい」と思うような人格を身につけること**なのです。

もし、あなたが魅力的な人格を身につけられたら、全国からたくさんの人が集まってきてくれるのです。

とくに無料サービスは、心が豊かだとうまく使える性質があります。豊かな発想があれば木の枝1本から箸《はし》をつくれたり、紙1枚から折り鶴をつくって人にプレゼントして喜ばせてあげられたりするように、無料だけを組み合わせて有料級の価値をつくれるのです。

このような時代背景から、この章では、あなたのビジネスを上向かせるために必要不可欠なマインドと習慣をつくりあげるためのライフハックの話をします。

ネットビジネスの本でこの手の話をされることにちょっと違和感を抱く人もいるかもしれませんが、実際に、売上を伸ばしていくために欠かすことができない要素です。私がネットビジネスで億万長者になっている人に会うと、必ずといっていいいほどこれらのライフハックを重要視しています。

現代はこのような目に見えない部分が差をつくっていく時代なのです。

明るいニュースだけに反応して積極的な性格をつくる

人間はネガティブな言葉に反応しやすい特徴があります。「殺人」「不倫」などのニュースや雑誌のタイトルを思わず見てしまう経験はあなたにもあるはずです。

アメリカでJohn Cacioppo博士が行った研究では、人はポジティブな感情の人の写真を見るより、**ネガティブな感情の人の写真を見るときのほうが、脳の活動が強く反応する**という報告があります。

これは、危険から身を守るためには大事な機能と推測されていますが、安全な環境が整っている現代日本ではあまり役に立たない機能です。むしろ、本来は必要のない不安や心配をしてしまう原因になっています（この原理は集客に使うこともできます）。

自分でビジネスを始めると、とかく不安や心配、悩みのタネが多くなりがちです。不必要な心配をして動けなくなることも多いでしょう。

本書を手にとった人は副業（複業）、起業、独立などに興味がある人だと思いますが、そうはいっても本書を読んで行動を起こさない人も多いと思います。

あるいは、第5章で有力者とベンチマーク関係を築く方法についてご紹介しましたが、「そうはいっても知らない人に声をかけるのは気が引けるなあ……」と及び腰になってしまう人は多いのではないのでしょうか。

私は本書の冒頭から「大事なのはＨＯＷではない」ということを再三にわたっ

て繰り返してきましたが、いくら知識としてＨＯＷを手に入れても、それを実行に移し、試行錯誤を繰り返し、継続しなければ意味がないからです。

その壁を乗り越えるための第一歩が、**まず自分の思考が生物学的にネガティブなものになりやすいのだということを認識し、ポジティブな情報を意識的に取り入れる**ということなのです。

実際に、夢を叶えるオリンピック選手は成功のイメージトレーニングを何度もして実現していったり、家を建てたいと思い続けてきた人は想像した通りに実現したり、あなたが想像したことは本当に目の前に現れていきます。

また、私の周りで年収１億円以上の人たちの習慣を見ていると、明るいニュースや感動的な話を積極的に集めていることがわかります。

だからいつもごきげんだし、考え方が前向きで、新しいことにも積極的にチャレンジできるのです。

もともとポジティブで積極的な性格だから明るい話題に目がいくのではありません。明るい話題だけに反応するようにしているから、そのようなポジティブな性格に変わっていくのです。

当たり前ですが、**暗い人からものを買いたいと思う人はいません。**元気で明るくて、ポジティブな人から買いたいとお客様は思います。豊かになれる理想の未来を具体的に語ってくれる人から買いたいものです。

それに、もともとの性格が暗い人が、いきなりメルマガやランディングページでお客様を喜ばせる、希望を与えるような文章が書けるようになることもありません。文章はどうしても人柄がにじみ出てしまうものです。

だからこそ、ビジネスを成功させたいなら、積極的にポジティブな言葉やストーリーを目に入れてください。

そして、その明るさをメルマガで発信していきましょう。

人生全体のバランスを考える

ビジネスでは仕事以外の人としての魅力も大事になります。

お金儲けだけを目的にビジネスをしている人よりも、世の中や困っている人を助けるためにビジネスをしている人のほうが共感も得られて、結果的に収入がアップしていきます。

コーチングでは人生を8つの分野に分けて考える「Wheel of Life（人生の輪）」というものがあります。

これは人生のさまざまな要素を数値化するもので、この輪が大きいほど人生の満足度が高いとされています（次ページ参照）。

あくまで指標の1つですが、この図を見てわかるように、収入というのはあなたの人生の要素の1つに過ぎません。

ですから、あなたが本当に幸福度を高く保ちながら豊かに収入アップするには、お金だけではなく、健康や人間関係なども大事にする必要があります。

私の場合、ネットの1事業で月1000万円以上の売上が出ているため、「お金・経済」以外のところをかなり意識してバランスをとるようにしています。

Wheel of Life（人生の輪）

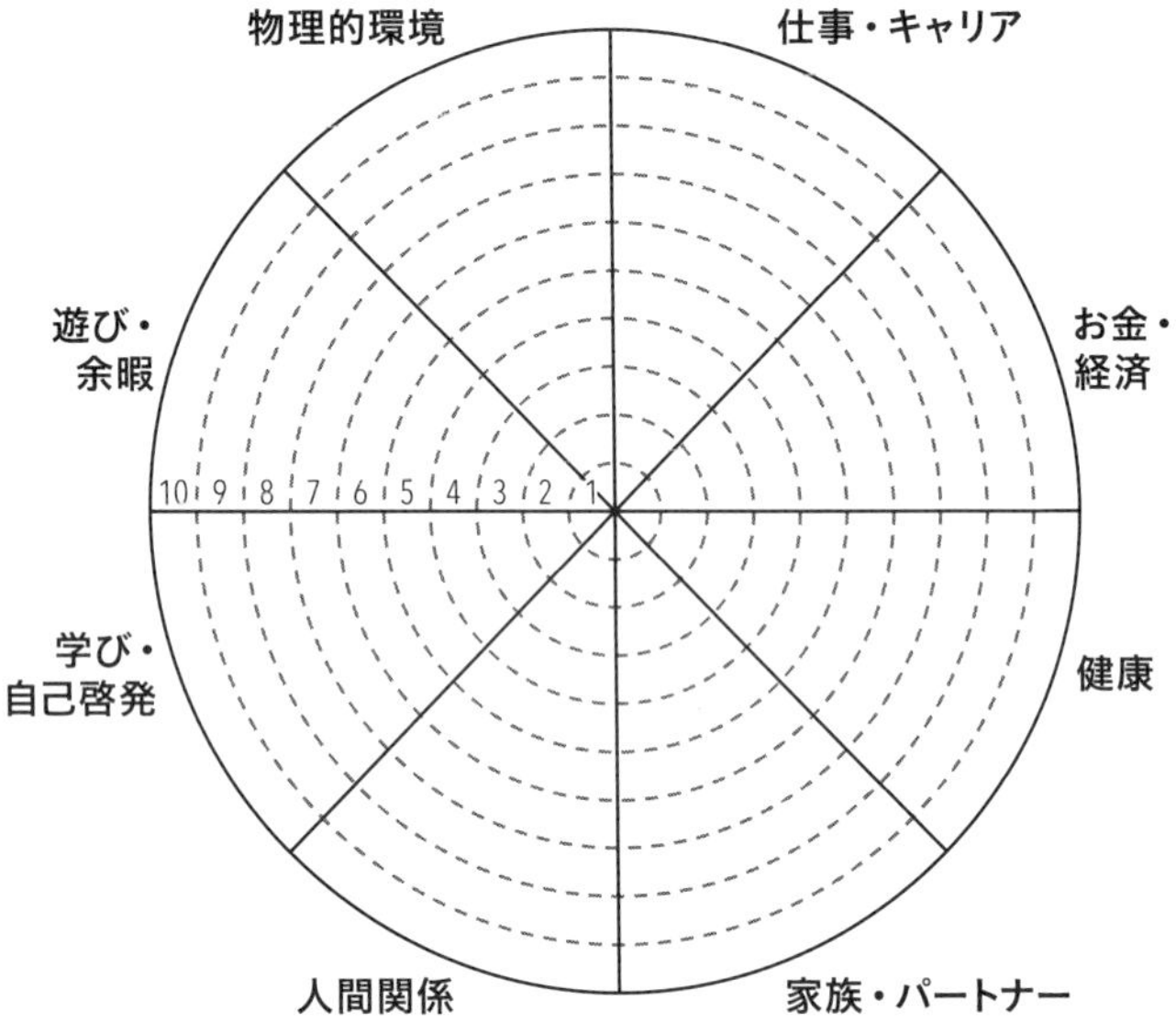

いまの自分の人生の充実度を
10段階評価で
塗りつぶしてみましょう

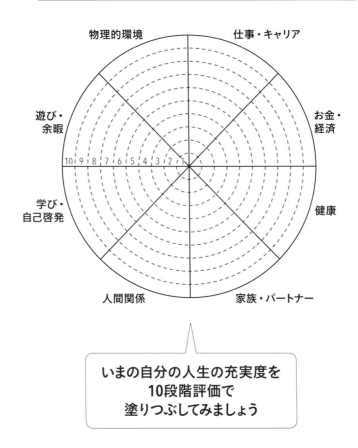

仕事を手伝って働いてくれている人たちが忙しくて疲れていないか、自分の健康状態に余裕はあるか、趣味などをしてストレス発散もできているかなど、お金以外の面も大事にしています。

もし売上さえ多ければよいとなれば、周囲の人も仕事ばかりで疲れてしまうはずです。さまざまな価値観を大事にすることで、全体としてうまく収まり、ビジネスがうまく継続できます。

「仕事だけをやる」というように、1つのことに徹するのはラクですが、1つのことだけをやり続けても、結果としては人間関係や健康などがアンバランスになり、収入が増えても、結局は幸せから遠のいてしまいます。

反対に、あなたが増やしたい収入分だけ、あらかじめ健康状態や人間関係を手に入れられたなら、自然と収入もついてくるものです。

本当に豊かに収入アップしていくためには、人間関係や健康も大事にしながら、ビジネスをしていくようにしましょう。

人生の締切をつくり逆算する

人は期限がないと、行動はしづらいものです。

ビジネスでも、期間限定や数量限定で販売すると、お客様が多く申し込みをしてくれます。**「いつでも買える」「いつ買っても同じ」という条件だと、なかなか人を動かすことはできない**ということですね。

自分をコントロールするときも、この法則は当てはまります。締切をつくることで自分を動かすのです。

たとえば、あなたが90歳まで生きると考え、人生90年を1日に当てはめてみましょう。

この世の誕生を朝6時として、1日の目覚めとします。

そして、寿命になる90歳が深夜0時とします。すると、2時間ごとに10歳年をとることになります。

人生を1日に当てはめてみると……

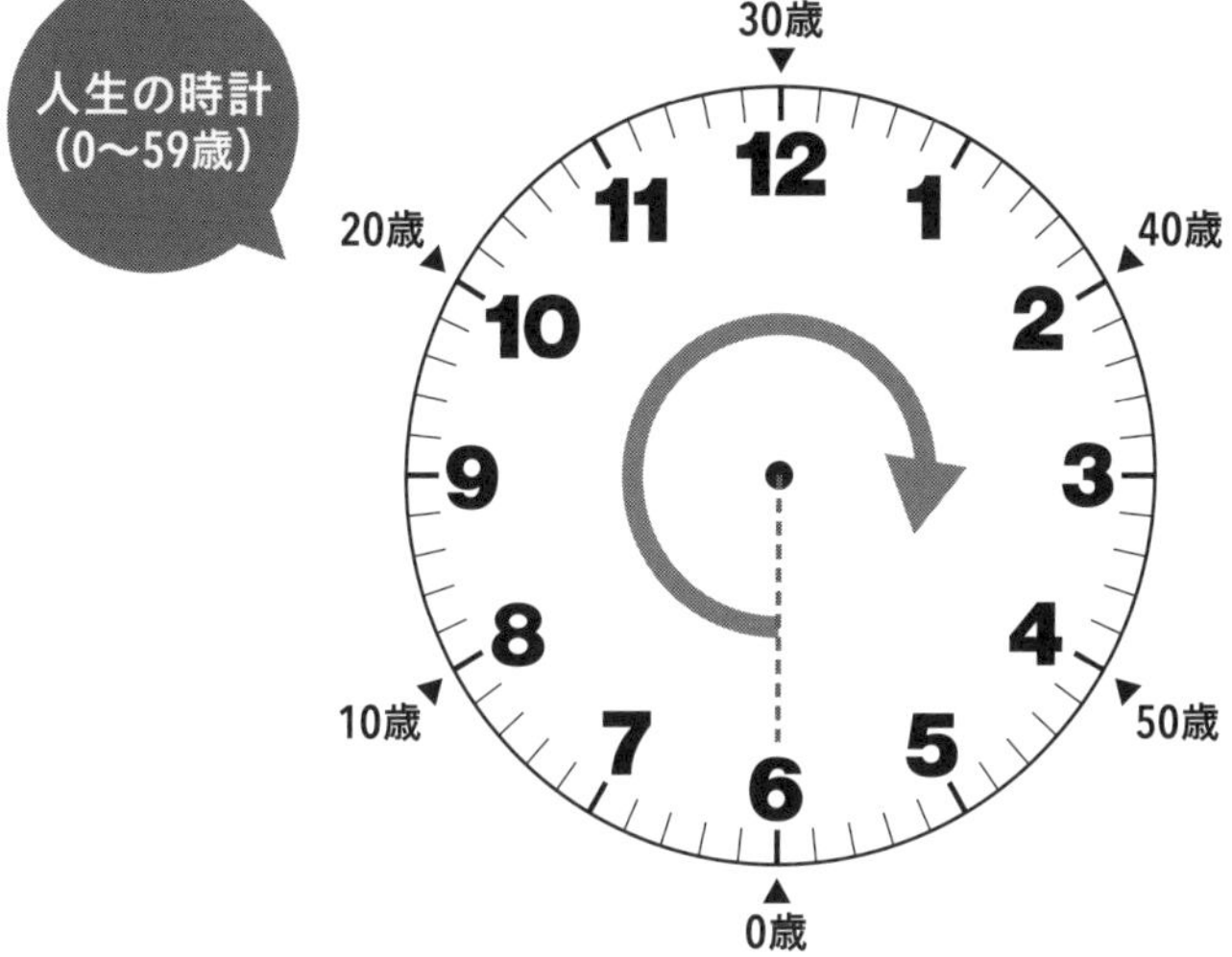

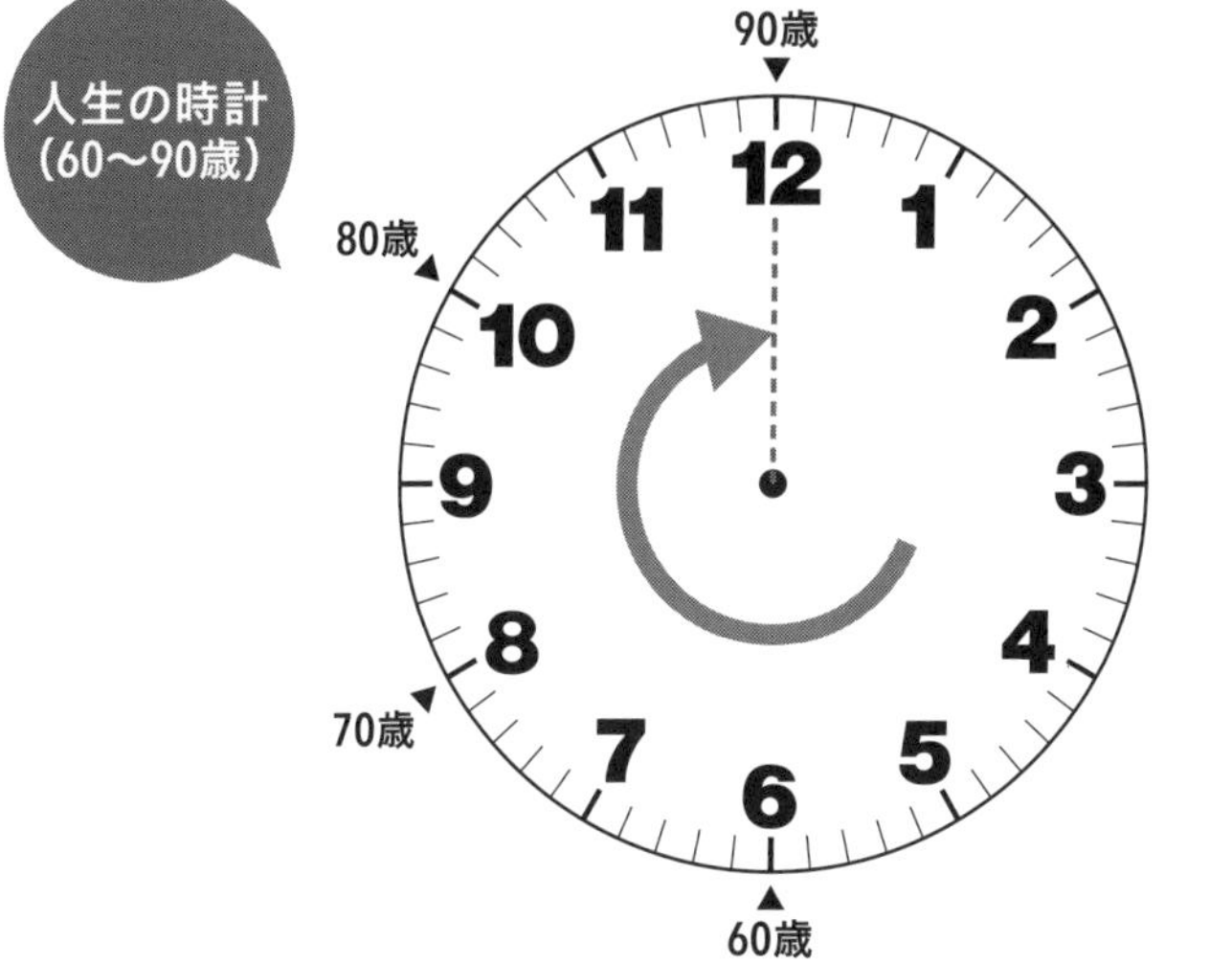

つまり、朝目覚めた6時で0歳、午前8時で10歳、午前10時で20歳、正午のランチタイムで30歳、午後14時で40歳、夕方16時で50歳、夜18時で60歳、夕食後あたりの20時で70歳、22時で80歳、深夜0時で90歳ということになります（前ページの図を参照）。

いかがでしょう。あなたの年齢はいくつで、いま何時にいるでしょうか？

朝でしたら1日のプランを考えて動けますが、午後になってからは1日があっという間に過ぎていくものです。そう考えると、人生の短さを実感できるのではないでしょうか。

せっかく一度限りの人生なのですから、いつまでも時間があるような錯覚には陥らず、人生の時計を意識して、有意義に過ごしていきましょう。

終わりが見えると、その時々にやるべきことや、本当にやりたいことが見えて定まってくるものです。

また、人生で予想外のハプニングはつきものです。東日本大震災や新型コロナウイルスの流行など、自分の力ではどうしようもない災害、事件、事故などに見舞われることもあるでしょう。

医療が発達した現代でも90歳まで全員が生きられるとは限らないのです。時間が有限だからこその人生にある無限の価値を感じて、逆算してプランニングしていきましょう。

カンタンすぎることからやる

人間は、作業をやりはじめると脳の「側坐核」というところが刺激されて、どんどんやる気が出てくるようになっています。

あなたも掃除をし始めたら部屋をきれいにしたくなって、止まらなくなったという経験はあるのではないでしょうか。

人間のやる気は行動することによって出るようになっています。逆にいうと、やるまではやる気が出ないようになっている、ということです。

自分を動かすための簡単な方法は、とにかく簡単で絶対にできることから始めるという方法です。

たとえば、**パソコンを開いてメルマガの挨拶文1文だけを書いてみたりしてみましょう。**そうすると、パソコンを開くまでは「メルマガを書くのが面倒くさいな」と思っていたのに、不思議と続きの文章が書けるようになっていくのです。

あるいはフェイスブックを開いて3文程度だけ投稿を書き始めてみたりしましょう。別に書くべき内容なんてないと思っていても、なぜかどんどん思いついていき結果的に楽しくやることができます。

注意しないといけないのは、「いいね」やリプライなどの反応を楽しみにするあまり、根本的な収入アップのシステムをつくらなくなってしまうことです。反応があるとたしかにうれしいのですが、画面を見て通知を待っているだけではなにも起きません。反応や好評価はあくまで最後のオマケ。作業自体を楽しめるように、気軽なものから取りかかりましょう。

私の場合、まずなにも考えずに集客のページを開いてしまい、とにかく1文字を書き始めます。すると、どんどん書きたいイメージが湧いてきて、気づけば1〜2時間は没頭できるものです。

やり始めるまではやる気が出ないので、やり始める最初の段階は習慣にしてしまうことがオススメです。

たとえば、朝食をとったらすぐにパソコンを開いてしまうという具合です。毎日必ずする習慣とセットにしておくことで、行動エネルギーを得ることができます。

まずは簡単に始められることを意識して習慣にしてしまいましょう。

大事な意思決定は午前中に

人間には1日のうちで判断できる意思決定の回数に上限があるとされます。何度も物事を判断していくと次第に疲れてきて、どんどん判断力が低下し、正しい判断ができなくなってきます。

つまり、ゲームをしたり、メールの返信文を考えたり、飲み会の参加はどうしようか迷ったり、そういう重要度の低いことに意思決定のエネルギーを使ってしまうと疲れてしまい、本当に大切なことを決定するときに判断ミスをしてしまうことが多くなってしまうのです。

ですから、**1日が始まったら、最優先するべき事柄から順番に意思決定することが大切です。**私の周りにいる経営者たちも、成功している人たちほど朝に大事なことをしています。

仕事があるのでしたら、少し早起きをして5分でもいいから朝に収入アップに関することを行って、仕事に行くのです。休日も遊びに行く前に、10分でもいいから大事なことをやります。

「朝から大変だなぁ」と思われるかもしれませんが、朝やるのが大変なことは、疲れている夜になるともっと大変です。そうなると「疲れているからまた明日でいいか……」となり、その繰り返しで毎日が過ぎていってしまいます。

とくに新たにネットでビジネスを始めるというのは、不慣れなことも多々あるため疲れるものです。エネルギーのある朝に人生で大事なことをやるようにしていきましょう。

あなたの人生で夢を叶えるために必要な**「最優先事項」「優先事項」「後回し事項」**を紙に書いてみてください。

そして、最優先事項から順番にやっていくように意識していきましょう。

たとえば、最優先事項は、

「一生のファンづくりのコンテンツをつくる」

「そのために有益情報をツイッターで10ツイートをする」

「筋トレをして健康を増強する」

などです。優先事項は、「自己投資として読書をする」「セミナーに申し込みをして、学びながら人脈を増やす機会をつくる」など。

後回し事項は、「娯楽としてのゲームをする」「なんとなくテレビを観る」などです。

もちろん、最優先事項ばかりしていると疲れてしまうので、後回し事項もあってよいものです。ぜひ明確にして意識していきましょう。

意思決定の回数を増やすために○○をする

あなたが決断の力を高めて意思決定の回数を増やすコツがあります。**掃除をすることです。**

床につねにモノが置いてあったり、部屋が散らかっていたりすると、そうした状態を見るたびに「来週の月曜日は雑誌の発売日だな」とか「そういえばハンドソープを買わないといけないな」などと余計なことを考えてしまいます。そうしたことに、意思決定の力を使ってしまうのです。

整理整頓をしておくと、そうした余計なことに意思決定のエネルギーを使わなくて済みます。

「整理整頓」と一括《くく》りでいわれますが、整理は不要なモノを捨てること、整頓とはモノをあるべき場所に戻すことです。

すべてのモノはどこに収納するのか決め、必ずそこに戻すと決めておくと、どこになにを置こうかと考えずに済みます。実際にお金持ちの豪邸に行くと、モノが最小限でムダがないということが多いです。

毎日の服装、食事のメニューを固定して悩まないのも効果的です。

アップル創業者の故スティーブ・ジョブズ氏やフェイスブック創業者のマーク・ザッカーバーグ氏は、同じ服を着ていたことで有名です。マーク・ザッカーバーグ氏は、「社会への貢献に関係しない決断はできるだけ下さないようにしている」と発言しています。

食事もバリエーションを何パターンか持って、そのなかから選ぶようにするだけでもかなり選択がラクになります。

もちろん毎日絶対にそうしないといけないわけではありませんが、基本を決めておくことで、ビジネスにおける決断力も上げることができます。

やっぱり神は細部に宿る

世の中では無料サービスが増えており、量から質の時代になってきています。質を高めるということは、物事の表面だけではなく目に見えないところにも力を入れるということです。

ビジネスで成功している人は目に見えないところにとても力を入れています。

商品を売る前から、お金をかけて世の中の悩みを調査したり、1つのデザインを決めるために20種類以上のデザインを用意したりするのが当たり前です。

つい成功した1つのパターンだけが目につきますが、その背後には数十倍・数百倍のボツになったアイディアがあり、そのために成功者たちは多大な労力や意識を浪費しているのです。

こうした細かいところに気を配れるようになる訓練としても、掃除、整理整頓は役立ちます。

うまくいくのにも、うまくいかないのにも必ず原因があります。

そして原因には、原因の原因もあります。そうやって目で追えない細部を意識していくと「原因の原因」「原因の原因の原因……」というところが見えてくるようになって、現実を強力に変えられるようになってきます。

その練習が掃除なのです。

姿勢を正して強いメンタルを手に入れる

成功している経営者や個人事業主に会うと、健康を一番大事にしている人は多いです。

大企業の経営者や有名な歌手など大きな結果を出している人は、運動の習慣を取り入れたり、整体やマッサージなどのケアを受けて健康を意識しています。

体に不調や痛みがあると、脳の脳幹にある縫線核《ほうせんかく》というところの神経が弱ってしまうことがわかっています。そしてこの場所の神経が弱ると、メンタル的にも悪影響があり、元気が出なくなってしまうのです。

つまり、根本的に体の調子を上げるだけで、メンタルも良好になって、ビジネスもがんばることができます。

とくに、そのために成功している人に会うと、根本的な姿勢をとても大事にしています。

ポジティブな言葉を毎日唱えるよりも、姿勢を正すことを意識するほうが、気分が向上するという研究結果も出ているくらい、姿勢はメンタル面で効果が確認されているのです。

また、これは私の理学療法士として学んだことですが、人間にはアクセルとなる筋肉やブレーキとなる筋肉があり、姿勢を正すだけでアクセルの筋肉が効率的に使えるようになります。

試しに、思い切り猫背になって歩いてみてください。足が前に出にくくなって歩きにくいはずです。

反対に胸を張って姿勢を正すと、足が前に自然に出て歩きやすく前進しやすいはずです。

姿勢を正して物理的にも行動しやすい体になると、気軽に人と会ったり出かけたり、気持ちが前向きになってアクティブになれます。

フットワークが軽くなると前述した脳の側坐核が刺激されて、ますますやる気が出るようになります。身体面でもメンタル面でもブレーキをかけずにビジネスをするために、姿勢を正してビジネスに挑みましょう。

陰で人をほめまくる

「自分のネットビジネスはうまくいっていないのに、あの人だけうまくいってうらやましい」

そのように感じることはだれにだってあることです。しかし、それを言葉にしてしまうと、あなたが自分の言葉を一番聞いてしまうことになります。

そして人のことを悪くいっていた自分がいざ成功するときになると、果たして自分が成功してもいいのかと思ってしまうのです。

たとえば、影響力のある人から「紹介してあげたい」といわれたときに、「悪いことをいっていた自分が人前に出て本当にいいの?」と思ってしまうのです。

一方、日頃からよいおこないをしていれば、堂々と人前に出ることができます。

こうしたメンタルの差は実際の行動・結果にあらわれてきます。

オススメなのは陰で人をほめることです。

本人の目の前でほめるだけでも素晴らしいことですが、あえて耳に入らないところで相手のよい部分をしっかりほかの人に伝えてあげるのです。

そのようにして**見えないところからよいことをしていくと、次第に自己価値観が上がります。**世の中に貢献して人の役に立っていることを自分がいちばん知っているので、いざ本番で人前に出て自信を持って話したり、接したりすることができます。

普段からよろこんでお金を払う

あなたは買い物の会計のときにどのような気持ちで支払いをしていますか？

なにも考えていなかったり、イヤイヤ払っていたりしたなら、それはとてももったいないことになります。

払わないといけない事実は変わりませんし、せっかくなら感謝の気持ちを込めて、よろこんで払いたいものです。

じつは、感謝の気持ちを込めて払わないと、ビジネスを始めるときに大きなデメリットがあります。

それは、自分がイヤイヤ払っていると、**いざあなたがビジネスを始めて事業主の立場になったときに、お客様も同じようにイヤイヤ払っていると無意識のうちに感じるようになるのです。**

心理学にも「投影」というものがあります。自分がイヤだと感じることを相手に反映させることで、相手が自分をきらっているのではないかと思うのです。

こうなると、相手にお金を払わせること（つまりお金を受け取ること）が苦痛になり、ビジネスができなくなってしまいます。

しかし、あなたがふだんからよろこんでお金を払うような意識を持っていれば、ビジネスを始めたときにお客さまもよろこんで払っているように感じ、どんどんお金を受け取るのが楽しくなります。

そうしていくことで、お客さまのためにももっとがんばりたいと思って、ビジネスを継続して成功していくことができます。

スマホのゲームは最小限に抑える

成功している経営者や事業主に会うと、スマホのゲームをしている人はほとんどいません。

もちろん、みなさんなにかしら息抜きの方法をもっていると思いますが、スマホのゲームは息抜きとしてはあまり適していないと医学的にもわかっています。

とくに最近のスマホゲームはとても考え抜いて設計されていて、一度始めるとなかなかやめられないような工夫が随所にこらされているので、くれぐれも注意する必要があります。

ゲームを長時間していると、「人間らしさ」をつくる脳の前頭前野《ぜんとうぜんや》という部位の働きが低下します。前頭前野はやる気や共感の能力に関わるため、長時間やっていると仕事の意欲が低下したり、コミュニケーション能力も落ちたりする可能性があるのです。

共感能力が低下するというのは、ビジネスでは致命的です。ビジネスは相手の悩みや世の中の悩みに共感して、その解決策を提案することですから、それを見抜く能力が損なわれてしまうことを意味するのです。

もちろん、趣味は人それぞれですし、絶対にスマホのゲームをやってはいけないとはいえません。

しかし、スマホのゲームがそもそも長時間やってしまうようにデザインされていること、そしてゲームのやりすぎが共感能力を損なう可能性があるということは覚えておいてください。

朝に散歩をして共感脳を鍛える

共感能力を鍛えるためにオススメなのが散歩です。最新の脳科学によると、外で太陽光を浴びて散歩などのリズム運動をすると、脳の「内側《ないそく》前頭前野」という部分の血流量が増えることが解明されました。

脳のこの部位は人間の「共感」や「直感」に関係しています。つまり、散歩することで共感や直感の力を高めることができるのです。

共感脳以外の脳の部分の機能は、AIやコンピュータが勝ってきていますが、共感は人間にしかない働きです。

この部位は額の中央に位置しており、古代より「第三の眼」とよばれていました。この部位はサルの10倍も発達していることからも、人間だけが持つ能力が秘められていることは明確です。

散歩の習慣をつけると、内側前頭前野が活性化されて、相手のことを想う共感能力が上がっていきます。

それは、第2章で述べた世の中の悩みを見抜く力が格段に上がるということになります。

それによって、あなたは世の中の深い悩みを人一倍感じ取ることができて、相手によろこんでもらえるビジネスを提供できることになります。

あなたの好きなことと世の中の悩みが結びついて、もっとも売れる方法がわかっていくのです。

事実、超一流のビジネスパーソンや歴史的に偉業を成し遂げた人たちも散歩をよくしていたことは、多く確認されています。

インテル本社やグーグル本社、アップル本社があるシリコンバレーではウォーキング・ミーティングが流行っています。

この話を知ったドリームシップ・カンパニー代表の松井創《はじめ》さんは、共感を高めてみんなで成功体質になろうと毎朝365日散歩をしながらライブ配信をしていたのですが、なんと松井創さん自身、共感力が高まり仕事がどんどんうまくいって、本を出版することになり、ご本人も成功しました。

朝起きたときは、まだ刺激を受けていない、ストレスが生じていない特別な状態なので、この真っさらなときに散歩をすることがオススメです。

それにより、ほかの部分を刺激せずに効率的に共感脳を活性化させることができると考えられます。

ぜひ、あなたも散歩の習慣を取り入れて共感力を高め、世の中に貢献していきましょう。

それにより、世の中にいる多くの人たちによろこんでもらえるビジネスを提供できて、金銭的にも精神的にもあなたが豊かになっていけば、私もうれしく思います。

おわりに

この「おわりに」を執筆している2020年7月30日、厚生労働省による「新型コロナウイルス感染拡大による解雇や雇い止めが4万人を超えた」という発表を伝えるニュースが各社で報道されました。

新型コロナウイルスによる経済的なダメージが広がり続けています。

内実を明かせば、本書を書き始めた2019年末の時点では、本書のテーマは「副業で月8万円くらい収入を増やしたい会社員」の人を読者対象にする企画でした。

ただ、この新型コロナウイルス禍《か》を受けて、売上が激減して本当に困っている個人事業主や経営者の方、職を失ってなかなか再就職先が見つからない、いわゆる非正規雇用の方などのお役にも立てるよう、急遽《きゅうきょ》本の内容を変更したという経緯があります。

本書を執筆している時点ではこの社会的混乱がいつまで続くのかまったく見通しが立ちませんが、少なくとも「アフター・コロナ」「ウィズ・コロナ」とよばれる社会では、1つの収入口に頼る働き方から、多くの人が2つ目、3つ目の収入を得る働き方にシフトしていくことでしょう。

そしてその場合、ネットの力を使って稼ぐ方法で生活を安定させるスタイルは、スタンダードなものになるはずです。

本書は初心者の方に向けて、基本的なハウツーや心構えまでを網羅《もうら》的に説明しましたので、新たに挑戦したいと考えている方の背中を押し、混迷を極める時代であっても心の余裕を持って生きていける一助になることができると確信しています。

本書では私が不況下でも売上を伸ばしている秘訣をノウハウから考え方まですべて詰め込みました。あなたの生活のお役に立てば幸いです。

本書を出すにあたって、たくさんの方にご協力いただきました。

出版のご縁をつくってくださった笹原隆生さま、ありがとうございました。笹原さまのおかげで、不況下でも売上を出せる内容を世の中に出すことができました。

根本泰成さまもありがとうございました。根本さまが私の家業で事業の一部を手伝ってくださっており、その内容も一部ではございますが本書に書かせていただきました。ありがとうございました。

医学博士の有田秀穂さま、ありがとうございました。脳科学の研究者である医学的見地からの最新のアドバイスをいただきました。仕事やお金に困っている方に、最新の医学が役立てば幸いです。ありがとうございました。

株式会社いないいないばぁの皆さま、ありがとうございました。私が家業を含め、すべての売上を出せるようになった恩人です。

編集で担当してくださった澤有一良さま、ありがとうございました。1ヶ月で世の中の事情が大きく変わる激動のときに、休日や深夜にも関係なく全力で編集をしてくださいました。困っている人たちにすぐ手に届くように、担当していただけて感激しております。

最後に、本書を読んでくださったあなたへ。

ありがとうございました。

本書を手に取ってくださったということは、日常でお困りのことがあったかと思います。その悩みを解決するために、本書が役立てば幸いです。

大変な時代ではありますが、あなたの生活に役立ちご家族やご友人と幸せに過ごせますことを心より願っております。

上田祐輝

スペシャルサンクス

いいくぼなおみさん、板谷友香里さん、稲川祐司さん、井美明彦さん、上田弓子さん、大塚澄枝さん、奥田浩一さん、課長 北洋作（@YosakuKita）さん、金澤次郎さん、小茄子川光一（@KouichiKonasuk1）さん、さゆり@w@（@ololoItsts）さん、清水靖子さん、高岡佑治さん、たくま先生@人生逆転劇場（@takuma_gekijyou）さん、寺尾典子さん、寺嶋弘泰さん、てるぱぱ@アップリエンジニア歴13年（@takanarukodou1）さん、永吉隼人さん、ナンシーれいこれいちぇるさん、西川エミさん、野々山倫子さん、長谷さん、早崎欽章さん、平井靖人さん、ひろたん（@hirotan1975）さん、降旗玲佳さん、ボストンゆーじ@呼び方は（ゆーじでOK♫）さん、前田聰一郎さん、松井創さん、水橋雅知さん、三宅慎一さん、村上康典さん、森興造さん、ゆーた@飲食人　noteチャレンジ中！（@yuta79523583）さん、ゆういちCOO＠飲食コンサルタント（@yuichii19）さん、柚 月Yuzukiさ ん、Doc Qutieさ ん、Doctor QTさ ん、KOHKOH（@KOHKOH38913342）さん、makoto.satsumi（@Satsumi1007）さん、（@yuji681278581）、millmill ミルミル（@millmill202006）さん

参考書籍・ブログ

『脳からストレスを消す技術』
（有田秀穂著、サンマーク出版、2008年）

『ひらめく！ひとり散歩ミーティング』
（有田秀穂著、きこ書房、2016年）

『完訳 7つの習慣』
（スティーブン・R・コヴィー、キングベアー出版、2013年）

『ビジネス法則大全』
（トキオ・ナレッジ著、宝島社、2016年）

『0円で始める副業ネット販売』
（上田祐輝著、合同フォレスト、2020年）

『億万長者のビジネスモデル』
（http://koiken.hateblo.jp/）

著者プロフィール

上田祐輝（うえだ・ゆうき）

- ▶ 株式会社心と体サプライズ代表取締役
- ▶ 株式会社上田防水布店Webクリエイター
- ▶ コピーライター、理学療法士

1987年、福井県生まれ。高校卒業後、カナダへスポーツ留学し、フリースタイルスキーの大会で優勝するなどの実績を残す。帰国後、理学療法の学校に入学。首席で卒業後、理学療法士として病院に勤務するが、2015年、売上が低迷していた家業のテント屋の立て直しに専念するために退職する。ホームページ制作、コピーライティング、広告運用をゼロから学び、家族と協力して無料サービスのみを使ってネット販売をスタートさせる。試行錯誤の末、3年で月1500万円以上の売上を達成し、テント屋の立て直しに成功。その経験を活かして同じ立場の事業主を救うべく会社を設立し、コンサルティング業務等を行う。また、理学療法士の知見を活かして施術業もスタートさせるとたちまち芸能人のクライアントを多数抱えるまでに成長。現在はネットでビジネスを始めたい人のために成功ノウハウを公開している。

メルマガのご登録はこちらから

元手ゼロから最速で月収100万円!

ネットで稼ぐ全技術

2020年10月1日　第1刷発行
2020年11月1日　第3刷発行

[著者]　上田祐輝
[発行者]　櫻井秀勲
[発行所]　きずな出版
東京都新宿区白銀町1-13　〒162-0816
電話03-3260-0391
振替00160-2-633551
https://www.kizuna-pub.jp
[印刷・製本]　モリモト印刷

ISBN978-4-86663-122-6